榆林市文化和旅游局资助项目

李晓虎 . 榆林学院博士科研启动基金项目：陕北民谚研究（18GK32）

冯涛 . 榆林市科技局产学研项目：乡村振兴视野下的陕北民俗研究
（CXY-2022-135）

姬慧 . 陕西省教育厅重点基地项目：黄河流域陕北段民谣俗谚整理
并语言文字研究（22JZ064）

姬慧 . 榆林市科技局产学研项目：榆林方言口传文化整理典藏与研究
（CXY-2021-93-06）

吕小如 . 陕西省教育厅重点基地项目：陕北传统村落口述史研究
（21JZ059）

陕北民谚访谈录

李晓虎　冯　涛　毛玲霞　编著

群言出版社
QUNYAN PRESS

·北京·

图书在版编目（CIP）数据

陕北民谚访谈录 / 李晓虎，冯涛，毛玲霞编著． -- 北京：群言出版社，2023.9
　　ISBN 978-7-5193-0870-4

Ⅰ．①陕… Ⅱ．①李… ②冯… ③毛… Ⅲ．①汉语－谚语－陕北地区　Ⅳ．① H136.3

中国国家版本馆 CIP 数据核字（2023）第 178805 号

责任编辑：胡　明
装帧设计：武思岐

出版发行	群言出版社
地　　址	北京市东城区东厂胡同北巷1号（100006）
网　　址	www.qypublish.com（官网书城）
电子信箱	qunyancbs@126.com
联系电话	010-65267783　65263836
法律顾问	北京法政安邦律师事务所
经　　销	全国新华书店

印　　刷	河北万卷印刷有限公司
版　　次	2023年9月第1版
印　　次	2023年9月第1次印刷
开　　本	710mm×1000mm　1/16
印　　张	13
字　　数	220千字
书　　号	ISBN 978-7-5193-0870-4
定　　价	88.00元

【版权所有，侵权必究】

如有印装质量问题，请与本社发行部联系调换，电话：010-65263836

序

一次创新践行社会主义核心价值观的乡土考察

谚语是中国文化的语言文字载体。

2014年11月，陕西省榆林市申报的"陕北民谚"，经国务院批准列入第四批国家级非物质文化遗产代表性项目名录。陕北米脂人王建领，是国家级非物质文化遗产代表性项目"陕北民谚"的传承人。

中国文化岂止诸子之学。谚语是中国文化的一部分，谚语是对中国文化的提萃，谚语也是多元文化的结晶。陕北文化是中国文化的一个重要组成部分，陕北民谚又是陕北文化的一个语言载体。

邢向东谈到，陕北方言承载了厚重丰富的口头文化遗产，如信天游、山曲儿、酒曲儿、榆林小曲儿、二人台、说书、道情、歌谣、故事、说喜等。这些口头文化与方言互为表里，相依相生，蕴含着陕北文化的精华。[1]本书的访谈对象以陕北人为主，访谈录音里保留了原汁原味的方言。该书虽是谚语访谈，但也为陕北方言研究提供了宝贵的音频资料。

王建领提出，陕北方言与民谚，是汉语语言体系中古老而意蕴深邃的一种原生态语言，是陕北人独有的一种文化符号，是古老汉语言的"活化石"，是文明的基因和密码。[2]人们必须有这样一种认识：谚语来自民间，有着浓郁的生活气息，很鲜活、很生动。谚语与老百姓的生活息息相关，很多谚语历久弥新！

2012年11月，党的十八大报告明确提出"三个倡导"，即"倡导富强、民主、文明、和谐，倡导自由、平等、公正、法治，倡导爱国、敬业、诚信、

---

[1] 邢向东. 陕北方言的文化传承 [N]. 光明日报, 2016-10-30（7）.
[2] 徐良. 陕北话中话：留住祖先的声音——陕北方言国家级非遗传承人王六访谈录 [J]. 地方文化研究, 2021, 9(4):41-49.

友善，积极培育社会主义核心价值观。"社会主义核心价值观不是无源之水，她植根于中国文化。陕北又是一片红色沃土，是中国革命老区，陕北民谚中蕴含着社会主义核心价值观的思想。

该书的第一个特点是它与社会主义核心价值观紧密结合。首先，该书巧妙地按照社会主义核心价值观对陕北民谚作了筛选和分类，在挖掘、阐释和传播陕北民谚的同时，也为培育和弘扬社会主义核心价值观做出了一些贡献。其次，作者记录了榆林学院数届大学生所进行的具体访谈活动，保留下了大量的录音文件，后经整理形成了文字，尽量做到不漏一句，不改一词，忠实记录老百姓的生活、感受、情怀和观念。读者可以从本书中"听"到老百姓的心声。

该书的第二个特点在于将方言和民谚结合起来，主要用陕北方言说陕北民谚。现有陕北籍学者的研究重点在陕北方言，陕北民谚的研究方兴未艾。该书也突破了传统谚语研究惯式，它不是一本辞书，它里面有活生生的方言和访谈故事，具有趣味性、纪实性和可读性。该书还可以说是由一篇篇带有民间口头文学色彩的微小说构成的，内容主要牵涉陕北近几十年来的社会和历史情况，读者尽可将其作为一本"故事"书来读。另外，该书的出版适逢其时。陕北"石峁遗址"的发掘工作还在继续，她是中华文明探源工程的重要组成部分，2020年入选世界十大考古发现，目前正在推进申报世界文化遗产工作。这既给人们研究陕北文化提供了契机，也勉励人们持续建构和发展陕北文化事业。

党的二十大报告指出，"用社会主义核心价值观铸魂育人，完善思想政治工作体系，推进大中小学思想政治教育一体化建设"。《陕北民谚访谈录》的编纂正是本着这样的初心。陕北民谚访谈工作是一次创新践行社会主义核心价值观的乡土考察，也是一次探寻陕北民谚故事，挖掘陕北文化的田野作业。该书虽已完成，但该项工作还在继续。

《陕北民谚访谈录》作为一本弘扬社会主义核心价值观和传播陕北文化的通俗读物，热切想与读者朋友见面。

榆林市文化和旅游局局长　高小峰

目 录

第一章　富强：贵在自立 ……………………………………… 1

　　一、穷不在命运，富不是天生 ………………………………… 4
　　二、若要富，先修路 …………………………………………… 11
　　三、火车跑得快，全靠车头带 ………………………………… 13
　　四、三言两语观成败，一举一动看兴衰 ……………………… 15
　　五、教的曲，唱不得 …………………………………………… 17
　　六、一个人扶十个人扶不起，十个人扶一个人扶起来 ……… 19

第二章　民主：毋意、毋必、毋固、毋我 ……………………… 21

　　一、得理让三分 ………………………………………………… 24
　　二、将人心比自心，强出问旁人 ……………………………… 26
　　三、炕头劝妻，堂上教子 ……………………………………… 28
　　四、众人是圣人，圣人靠众人 ………………………………… 31
　　五、丑话说在前头 ……………………………………………… 33
　　六、先说响，后不要嚷 ………………………………………… 34

第三章　文明：文质彬彬，然后君子 …………………………… 37

　　一、红火不在人多急 …………………………………………… 40
　　二、笔杆没多重，无志拿不动 ………………………………… 42
　　三、学知识从零开始，讲礼仪从小做起 ……………………… 43

I

四、相敬相让吃不了，争争吵吵吃不饱 …………… 44
　　五、礼貌待人，顾客盈门 …………………………… 46
　　六、死要面子活受罪 ………………………………… 48

第四章　和谐：讲信修睦、亲仁善邻 ………………… 51
　　一、父子爱财子不孝，兄弟爱财失同胞，亲戚爱财休来往，
　　　　妯娌爱财家分了 ………………………………… 54
　　二、娃要媳妇要盖房，能把老人愁断肠 …………… 56
　　三、家有一老，如有一宝 …………………………… 58
　　四、妻贤夫祸少，子孝父心宽 ……………………… 61
　　五、穷要本分，富要谦让 …………………………… 63
　　六、男人是个耙耙，女人是个匣匣，不怕耙耙没齿儿，
　　　　就怕匣匣没底儿 ………………………………… 65

第五章　自由：从心所欲不逾矩 ……………………… 69
　　一、成人不自在，自在不成人 ……………………… 72
　　二、吃人一碗，服人使唤 …………………………… 74
　　三、吃米强如吃面，投亲不如歇店 ………………… 75
　　四、知足者常乐 ……………………………………… 77
　　五、借锅容易拔锅难 ………………………………… 78
　　六、活着做遍，死了没怨 …………………………… 82
　　七、出门三辈低，走遍天下没人欺 ………………… 86

第六章　平等：爱无差等，人无贵贱 ………………… 89
　　一、人敬人高，人灭人低 …………………………… 92
　　二、儿一份，女一角 ………………………………… 94
　　三、没老人的夸孝敬，没娃娃的夸干净 …………… 96
　　四、狗肉不上抬杆秤 ………………………………… 99
　　五、你看人八尺，人看你一丈 ……………………… 101

六、目中无人，百事不成 ·· 104
七、事不要办得太绝，话不能说得太损 ······························ 106

第七章　公正：持心如衡，以理为平 ································ 111
一、不怕人不敬，就怕己不正 ·· 114
二、菜无盐不香，话没理无力 ·· 115
三、打哭一个，引笑一个 ·· 116
四、会待的待匠人，不会待的待丈人 ································ 120
五、欺老不欺小 ··· 122

第八章　法治：隆礼至法则国有常 ···································· 125
一、小窟窿不堵要垮坝，小毛病不改要犯法 ······················ 128
二、父母的恩大，国家的法大 ··· 130
三、县官不如现管 ·· 132

第九章　爱国：江山就是人民 ·· 135
一、韩世忠绥德汉，敢拉秦桧问冤案 ································ 138
二、村看村，户看户，群众看的党支部 ···························· 140
三、吃菜要吃白菜心，当兵要当八路军 ···························· 142
四、吃水不忘挖井人，吃饭不忘劳动人 ···························· 145
五、千砖万砖砌成墙，互助合作比单干强 ························· 146
六、雁怕离队，人怕离群 ··· 148

第十章　敬业：先之，劳之，无倦 ···································· 149
一、不怕万事不利，就怕灰心丧气 ··································· 152
二、宁叫一百一，不叫九十九 ··· 154
三、从小下苦功，老来享清福 ··· 156
四、有上不去的天，没有过不去的关 ································ 157
五、宁叫挣死牛，不叫车倒退 ··· 158

六、喊破嗓子，不如做出样子 …………………………… 161

七、遇湿先脱鞋，遇事先安排 …………………………… 164

第十一章　诚信：民无信不立　167

一、经商讲信用，买卖常兴隆 …………………………… 170

二、亏心不买，亏心不卖 ………………………………… 172

三、买卖不成仁义在 ……………………………………… 174

四、不怕生意小，就怕顾客跑 …………………………… 176

五、利大催本 ……………………………………………… 178

第十二章　友善：仁以为己任　181

一、亲戚不走不亲，越走越亲 …………………………… 184

二、不说不笑，死了阎王不要 …………………………… 185

三、人有三灾六难，全凭邻家对门 ……………………… 186

四、一人有难大家帮，一人有事大家忙 ………………… 188

五、天变一时起黄风，人变一时昧良心 ………………… 189

六、恩多了怨深 …………………………………………… 192

后　记 ……………………………………………………… 195

致　谢 ……………………………………………………… 199

第一章　富强：贵在自立

第一章　富强：贵在自立

富强，即国富民强，是社会主义现代化国家经济建设的应然状态，是中华民族的美好夙愿，也是国家繁荣昌盛、人民幸福安康的物质基础。

民为邦本，民富了，国才能富。

一个国家的富强，离不开每个老百姓"撸起袖子加油干"。

本章收录了6条谚语。

（1）"穷不在命运，富不是天生"，谈的是无论穷还是富都不是天生注定的，每个人都要努力创造价值。

（2）"若要富，先修路"，谈的是实现富裕的途径之一。

（3）"火车跑得快，全靠车头带"，谈的是领导人的重要作用。

（4）"三言两语观成败，一举一动看兴衰"，谈的是细节决定成败，一言一行，一举一动，不可不慎。

（5）"教的曲，唱不得"，谈的是人要自主、自强，不可邯郸学步。

（6）"一个人扶十个人扶不起，十个人扶一个人扶起来"，谈的是人多力量大，众人拾柴火焰高。

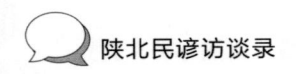

一、穷不在命运，富不是天生

2020年12月28日，高世瑶（女，榆林学院中文系20级本科2班，西安人）在榆林学院采访了贺智利教授（男，神木人，55岁）。

高世瑶：关于"穷不在命运，富不是天生"这句谚语，请问贺教授您知道吗？

贺教授：知道这个谚语。但是在榆林本地，我了解的12个区县不这么说，这个好像特别书面化，像书面语言。民间语言是特别通俗、特别幽默、特别生动、特别押韵的一种表述方式。

在乡间，它可能不这样说，不说"穷不在什么"，可能就是"穷是扎不下根的"。像我们的父母亲、爷爷奶奶可能会说"你不要看你们现在穷，穷扎不下根"。

它这个不一定那么精练，也不一定那么对仗工整，但表达了类似的意思。这个话我觉得在城市里面可能会这样说，在农村我很少听到"穷不在什么什么，富不在什么什么"这样的表达。

我们老家都是说，"穷是扎不下根的"。这代穷，下一代不一定穷。这代穷，下代的后人如果争气的话，可能会光宗耀祖、光耀门庭。所以，以此来激励寒门出身的孩子不要自卑。

过去有人说"龙生龙，凤生凤，老鼠生的娃娃会打洞"，过于强调家庭出身；这个就反过来教育我们，只要我们自强不息，只要我们努力，就可以通过学习、通过奋斗，改变命运。

高世瑶：我还想问问您对于这条谚语的理解，或者您帮我们来分析一下这条谚语的意义吧。

贺教授：其实这话在我们的文学作品里是出现过的，平时交往过程中也会用到，意思就是人本身没有贵贱之分，并不存在说你生下来就是高贵的，他就是卑贱的。

两个层面的意思，作为一个富贵人家子弟，按我们陕北人说的"你不要狗眼看人低"。一个人看着好像出身不好，但也许他将来还了不得；一个人其貌不扬，但可能他很有内涵，前程远大。所以作为富贵人家子弟，你不要太高高在上、骄傲自满、目中无人。相反，作为寒门子弟，也不要自卑，相信通过努力与奋斗，可以改变命运，可以光宗耀祖。

对于层次高的人来说，它可以起到警醒作用。如果你出身高贵，但不注意自己的修养，不注意内涵提升，不注意学习，最终你可能败落，可能变成败家子，给祖先蒙羞。

相反，作为家庭出身不好的孩子，只要经过刻苦的努力，不断学习、追求，也可以改变命运，可以得到一个光辉的前程。

高世瑶：嗯，是的，我知道您对路遥或者是其他陕北的作家的作品很有研究，您能不能给我举几个在文学作品中可以论证这一条谚语的例子呢？

贺教授：路遥，他是陕北作家，他的作品肯定多少会受到陕北文化理念、人生哲学以及乡土智慧潜移默化的影响，他可能没有意识到，他的作品会写一些贫困的家庭，如《平凡的世界》里孙少平这家。

孙少平、孙少安，包括他的妹妹孙兰香，这些孩子出身于非常贫困的家庭，但你看孙少平，他通过学习，通过自我修养，慢慢有了一种非常高贵的气息。他爱读文学作品，读了大量古今中外的作品。他的胸怀、他的境界、他的眼光，甚至比某些城市人都远大，他也没有那种低俗的、世俗的、市侩的气息，有着知识青年才具备的一种修养。他没有上过大学，他的文学修养，包括自我陶冶，达到那个境界了。还有他的妹妹孙兰香，人家出身那么不好，条件那么差，就点着个烂煤油灯和一个同学刻苦学习，一下子考上西北工业大学，还搞的是航天，甚至可以和宇宙对话。

相反，有些纨绔子弟，家庭出身不错，但是如果不注重修养，那么他们下一代就可能变成对社会有危害的人。

路遥在《在困难的日子里》写过的主人公马健强，也是从小衣服穿不上，肚子填不饱，经常饥肠辘辘。他在班里面是最穷的，最被人瞧不起的，但他内心很高贵，他没有低三下四，没觉得低人一等。他想的是，我要通过自己的努力，通过我的人品，证明我在灵魂上不比别人差，甚至比他们高贵。

通过这样的例子证明，人的高低贵贱，不是命定的，命运把握在我们自己手里面，如果我们现在用比较时尚的话说，就是"从来没有救世主，能够救我们的只有我们自己"。

高世瑶：前两年特别流行的一个电影叫作《哪吒》，里面有一句话叫作"我命由我不由天"，意思是我是谁只有我自己说了才算。

贺教授：有些人会说一些消极的话，如"人的命运都是天注定的""富贵在天"等。其实是为自己逃避困难、为自己的不努力找借口。

我们不能消极避世，遇到困难就逃避，而要坚持、要努力、要奋斗，永远不妥协，永远不低头，哪怕绝望也要反抗。面对各种道路选择的时候，正如鲁迅先生教导我们的："顺境，你要深沉点。不要浅薄，不要骄傲自大。逆境，你要从容一点，不要胡乱挣扎。"

生活中的谚语包含丰富的民间智慧，人们需要从不同的侧面去理解。

民间谚语不是某一个人突然心血来潮写的，是祖祖辈辈，那么多的老百姓，尤其是不识字没文化的老百姓通过观察周围、生活历练与体验，所抽象总结出来的宝贵经验。所以，它对我们每个人都有启迪与教育的意义。

针对民间谚语，研究的角度应该很多，你可以从语言学角度去研究它的语法、修辞等。

从文学角度看，谚语一般非常凝练，朗朗上口。同样的内容，如果用别的语言阐释，就要说一大堆，但用谚语只需要一句话。

对于民间谚语，我们可以进行系统考察，了解以前人们是怎么表述的，后来发生了怎样的变化。

通过这些变化，我们可以了解好多问题，社会学的、文化学的、民俗学的、逻辑学的、语言学的。

所以说，做学问无论从哪个角度切入，都可以做得非常大。

随着社会变化，语言肯定会变异，尤其是古老的语言，可能会随着农耕文化发展而逐渐消失，同时与农耕文化相伴随的好多方言、好多表述方式、好多谚语都会消失。但是它们作为我们的语言文化遗产，是非常宝贵的资源，我们要把它们记录下来，使其流传下去。

高世瑶：对于民谚，虽然一些学者已经做了大量收集、研究工作，但是远远没有达到一个边界。

贺教授：那是不可能的。学术是搞不完的，而且越搞越深，越挖越挖不完。尤其是陕北，这么庞大的语料库，是有非常大的研究空间的。

我这儿有一本书，是北京知青王克明写的，叫《听见古代：陕北话里的文化遗产》。他就觉得外地人很难懂陕北方言。尤其对于歇后语、俗语，他就想探个究竟，于是就开始刨根问底，查找各类典籍。后来发现，这些语言在不同年代，可能应用语境不一样，但历史都特别悠久。可能越是难懂的，越是古老。

高世瑶：那就有可能拓展到其他研究领域。

贺教授：所以，你就越做越大，像滚雪球一样，越来越有意思。

高世瑶：所以，我觉得这东西，需要学者分工协作，也不可能一个人把它全弄完。

贺教授：肯定要分工了，现在陕西师范大学有个刑向东老师，他是神木人，长江学者。他的方言研究，在西北甚至在全国都是一面旗帜。咱们学校有很多老师跟他读博士。西安文理学院的高峰，也是咱们系毕业的，他就出了一本研究定边方言的书。

刑向东老师最早写的是《神木方言研究》，这本书获了全国百篇优秀论文奖，他是陕西师范大学第一个中文研究方向的长江学者。

今年咱们谷丽娟老师刚考上他的博士，她可能会搞佳县方言。

刑老师另一个博士搞吴堡方言，也出了一本书。

绥德有个陕西师范大学教授叫黑维强，也是博士导师，他就把绥德方言调查写成了一个80万字的书。

那么，再扩大，整个黄河流域的方言就是国家重大课题。国家语料库、语义库的建设，离不开重点方言调查、西北方言地图绘制。

所以，做学问就是，每一个东西，你只要钻进去以后就……

高世瑶：大有可为。

贺教授：你有兴趣之后，即使是枯燥乏味的语言，看着也特别有意思。所以，古汉语也罢，文学理论也罢，或者现当代文学，只要你喜欢，你就要去思考，去阅读，然后慢慢去写作，慢慢就可能成为这方面的专家。

高世瑶：是的，是的。

贺教授：实际可以从语言学角度、方言角度，甚至是非物质文化遗产角度去研究。

非物质文化遗产近两年不是特别火嘛。中山大学建立了一个教育部的重点基地，就是研究"非遗"的，办了重点核心期刊。

高世瑶：那您觉得国家为什么突然一下开始大力扶持非物质文化遗产这方面的项目了呢？

贺教授：源于四个自信，就是道路自信、理论自信、制度自信，特别是文化自信。文化自信，是更基本，更深沉，更有持久力量。一个国家要复兴，如果光靠经济，文化上不自信，没有根脉，就没有灵魂了，也没有了基因。

所以，一个国家一个民族在国际上有地位，不光在于经济发达，还在于文化深厚。比如，我们有老子、孟子、庄子、墨子，我们有李白、杜甫、白居易，还有鲁迅等，这才是我们真正能自豪的。

现在我们强调文化的重要性，如果再不强调，就非常危险了。随着社会现代化进程以及经济发展，非物质文化遗产的消失越来越快，现在我们很多节日都慢慢淡化了。我们好多民间习俗，随着城市化、城镇化，都慢慢消失了。

中华人民共和国成立初期有400多种戏曲，且各地都有少数民族戏曲，但现在消失得特别快，消失了一半多，就剩100多种了，再不抢救的话就没有了。没有人演，没有人关注，没有剧本，更没有名角。

如果传承人接不上，文化就会消亡，所以国家才要加大力气保护非物质文化遗产。

我们近些年开始重视文化，开始大量向联合国教科文组织申请加入人类口头非物质文化遗产项目。

刚刚不是太极拳获批了嘛，像民间的珠算呀……

高世瑶：还有毛笔字。

贺教授：对，包括汉字书写都在"申遗"。最早是昆曲，接着是古琴，然后是新疆的"十二木卡姆"、内蒙古长调，这些纷纷都"申遗"成功了。面对即将消失的东西，我们可以通过各种形式记录下来。比如，关于陕北民歌我们修建了博物馆。有些东西可以培养传承人，现在国家非常重视"非遗"传承人的培养。陕西师范大学在进行皮影传承人的培训。

再就是要加大创新，使"非遗"元素延续下去，并在生活中得到运用。同时，非物质文化遗产要是活态，要呈流动状态，才能生存。

高世瑶：但是现在年轻人之中流行的快餐文化，包括一些外来文化，可能对本土文化形成了一种入侵。我们该怎么样培养年轻人对于传统文化的热爱呢？

贺教授：确实如此，你看年轻人整个生活，好像和西方人没什么差别了，穿的都是西装，吃的都是汉堡，看的都是美声唱法的歌舞剧，体育节看的都是 NBA，上的是互联网。这样的话，整个社会似乎雷同了。这是非常糟糕的状态，人类的精神生活那么博大，那么丰富，而我们的整个娱乐那么单调，怎么能够支撑我们丰富的精神世界。

这就需要我们从高层予以重视，从法律层面、宣传层面，唤醒所有普通民众的文化自觉。

以小孩子来说，从小就要给孩子扎下传统文化、民族文化，包括乡土文化的根。

现在好多小学开始重视孩子的汉字书写、诵读。汉字书写和诵读都是非常古老的东西，如果不加以强化就会逐渐消失。

文化记忆特别重要，如果没有文化记忆，学生去国外留学两三年，很快就会被洗脑。

如果有中国文化认同，即便他们走到天涯海角，过春节的时候就会聚在一起。

过去大家都不知道非物质文化遗产，都没有保护的概念，现在大家认为这很重要。从教育，从老师，到同学，到每一个普通民众，（都认识到）你不能破坏。

现在很多博物馆中有一些生活中消失的东西，老百姓常说："唉，老祖宗的东西不能丢。"

高世瑶：所以，民众的意识也在觉醒。

贺教授：过去的煤油灯，还有烂收音机、烂手机，都因为没有用被丢了。你看现在，收藏在博物馆里，很有价值。而且，后人看了也会觉得很有意思。

将来社会的进步，不仅看硬实力，还看软实力，这才是最根本的。

陕北民谚访谈录

附：关于贺智利教授谈的"穷是扎不下根的"谚语，在《平凡的世界》中，也有提到：

孙少安自己也绝没有想到，他一见秀莲的面，就看上了这姑娘。这正是他过去想象过的那种媳妇。她身体好，人样不错，看来也还懂事；因为从小没娘，磨炼得门里门外的活都能干。尤其是她那丰满的身体很可少安的心。秀莲对他也是一见倾心，马上和他相好得都不愿意他走了。贺耀宗和他的大女儿秀英、女婿常有林也满心喜欢他，这亲事竟然三锤两棒就定了音。少安对秀莲和贺耀宗一家人详细地说明了他家的贫困状况。但贺秀莲对他表示，别说他现在总算还有个家，就是他讨吃要饭，她也愿意跟他去。贺耀宗家里的人看秀莲本人这样坚决，也都不把这当个问题了——反正只要秀莲满意就行；既然她不嫌穷，他们还有什么说的呢？贺耀宗甚至说："不怕！穷又扎不下根！将来我们帮扶你们过光景！"[①]

[①] 路遥.平凡的世界[M].北京：北京十月文艺出版社，2017：75.

二、若要富，先修路

谚语中的"路"，可以指车辆通行的路，也可以将"修路"引申为"要做某事，得先扫清障碍，做些铺垫"。

访谈1：

2020年，我（李晓虎）与老乡张晓林（男，41岁，古今滩村人）在一起聊天时，他说起过"若要富，先修路"这条谚语，但语义发生了变化。

他谈道："你多少年不和人家交往，用着人的时候你找人帮忙，人家怎么想？"

他继而谈道："'若要富，先修路'，你平时就要和人家保持联系，要先铺路。"

访谈2：

2021年10月，张瑞佳（女，榆林学院21级物联网工程专业，西安人）电话访谈了刘女士（41岁，教育培训从业者，西安人）。

张瑞佳：您好，您有没有听过一个谚语叫"若要富，先修路"？

刘女士：听过的呀，我的爷爷奶奶、父辈都会给我说这个话呀。这个谚语的意思大概就是一个地方想要发展起来，先要把交通搞好。我是这么理解的。

张瑞佳：对，我也是这么理解的。您可以举一个例子吗？

刘女士：那这个很多的呀。我个人觉得呢，就是说一个地方想要发展经济，或者想做农业农产品贸易，将农产品输送到给城市里边卖出去，让当地的经济发展起来，那你先要把路修好，修好了路，外面的交通就能进来了。我们以前小的时候，用那个便携的独轮车，或者架子车之类的，运输起来可能很不方便，遇到刮风下雨这样的天气可能就运输不出去。如果路修好了，就可以用汽车、卡车或者专业的运输团队，这样的话外面发达城市里的东西运进来了，我们农村生产的绿色蔬菜、水果等也能运出去了。比如，我们家里现在在种的樱桃，如果放在以前，运输不方便，可能从树上摘下来之后，没放几天就坏了。现在很方便，我们采摘下来之后当天就可以用汽车运输到快递公司的发车点，第二天就可以通过飞机或者火车这种更便捷的道路运输交通，把它们输送到大城市里，到达人们的饭桌上。这样的话，我们的产品可以保持新鲜，价值也就提高了。在当地我们可能只能卖到5～10块钱，但如果有了便利的运输，运输到发达的地方，也许可以卖几十块钱，这样当地的经济就迅速发展起来了。我觉得"要想富，先修路"是一个非常正确的思路。

张瑞佳：我也觉得你说得对。

刘女士：那你还有什么要了解的，我把我知道的都可以告诉你。

张瑞佳：你现在生活的城市是不是就是因为修路有了一些变化？

刘女士：对，这就是更深的一个层次。我现在在南方的一个小城镇，在十几年前吧，这个地方是一个很小的渔村，当时的人们都是靠打鱼为生的，没有什么好的经济来源，生活是比较贫困的。那么这十几年，基于国家的政策以及当地人思想上的改变，这里修了高架桥、高铁。我们这个镇是全国唯一一个拥有地铁的城镇，叫昆山花桥镇。这里人们的生活水平明显要高于其他同级别的城镇。

修好路以后，不但车能通进来，思想也会通进来，思想比别人先进了，就可能先富了。思想开放，体现在经济意识、文化意识等方方面面，这可以体现出修路也是修了人们思想上的这条道。

张瑞佳：谢谢刘女士的一番讲解，非常感谢您的这些话加深了我对谚语的理解。

刘女士：我也希望能够帮助到你。

三、火车跑得快，全靠车头带

谚语"火车跑得快，全靠车头带"，以寻常生活中的火车进行比喻，强调"带头人"和"领导"的价值。

访谈1：

2021年1月5日，陈锦（女，榆林学院中文系20级本科2班，咸阳人）在榆林老街采访了王阿姨（37岁，榆阳区人）。

陈锦：您好，我是榆林学院的学生，现在我们有一个谚语访谈的任务，需要问您几个关于陕北谚语的问题，请问您有时间吗？

王阿姨：有。

陈锦：请问您知道"火车跑得快，全靠车头带"这句话的意思吗？

王阿姨：了解过一点。

陈锦：那您能给我解释一下这句谚语的意思吗？

王阿姨：就是一个单位的好坏，主要看领导的带头作用。都说领导带好了头，那员工就有干劲儿。

陈锦：那您能举一个身边的小例子吗？

王阿姨：就说咱们这儿，领导带领大家精准脱贫，咱们的农作物，如玉米等产量明显提高。到如今，咱们的生活富裕了不止一点儿。

陈锦：那您觉得这句谚语在当下还有意义吗？

王阿姨：嗯，我感觉，就对现在来说咱们都提倡合作精神。

陈锦：对，是的。

王阿姨：那咱们的成功，就不能靠一两个人或一两个领导。

陈锦：嗯，对。

王阿姨：那咱们大家就要一起合作，一起办好一件事儿。这就是新的意义吧！

陈锦：嗯，您说得真好。那还想问一下您有多久没有听说过这句谚语了。

王阿姨：嗯，近几年都没了吧。

陈锦：那您还知道哪些谚语吗？和这个相关的。可以讲给我听吗？

陕北民谚访谈录

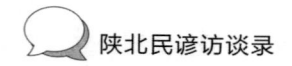

王阿姨：嗯，我听说过"大海航行靠舵手，万物生长靠太阳"。

陈锦：嗯，好，谢谢您。

访谈 2：

2020 年 12 月 7 日，周垣辰（男，榆林学院中文系 20 级本科 1 班，横山人）在就"引头的不端，引二的搅乱"这条谚语采访他的二伯父周宝宏（41 岁，村支书，有丰富的阅历，近些年深深扎根乡村致力于带动乡亲精准脱贫）时，周宝宏也说起了"火车跑得快，全靠车头带"这条谚语。

周垣辰："引头的不端，引二的搅乱"，这句话有什么深层的意义吗？

周叔叔：这句话根据我的理解，就是上梁不正下梁歪，如果上梁正了，那下梁也会很端正。也就是说，人这一辈子如果能遇上好的领导，或是好师长，那么你的一生算是很有幸的一生。

再一个，在农村放羊，如果前面这个羊不顺顺地走，不端端地走，后面的羊肯定也跟着乱跑。

周垣辰：领头羊。

周叔叔：也就是"火车跑得快，全靠车头带"，如果车头出了故障，那你后面肯定会出问题。我理解就是这么个意思。

附：

中共榆林市委组织部、榆林市扶贫开发办公室主编的《驻村工作日志——17 名第一书记 4 名大学生村官（上）》的"编印说明"中写道：

2016 年 2 月 22 日，在榆林市脱贫攻坚工作会议上，为打通联系服务群众"最后一公里"，市里要求参与脱贫攻坚工作的各级各部门各单位的领导和干部带头沉下去，深入扶贫第一线，保证推进精准脱贫政策落到实处。

2021 年，我的初中同学苏志荣，在榆林市建委工作，被下派到大河塔村，成为"国家乡村振兴战略"下的驻村第一书记。

驻村第一书记和大学生村官，也要发挥其"火车头"和"领头羊"的作用，以带动和推进农村经济的繁荣。

第一章 富强：贵在自立

四、三言两语观成败，一举一动看兴衰

见微知著，每个人都要注意自己的言行，因为它关乎一个人的未来。

访谈 1：

2021 年 5 月 8 日，李伟（男，榆林学院 20 级英语专业 3 班，铜川市耀州区人），在榆林学院南门杂货店采访了赵大哥（24 岁，榆林市绥德县人）。

李伟：你好！我是榆林学院外国语学院的李伟。我们学校老师布置了一个采访作业，请问你能不能帮我完成一下？

赵大哥：行行行，你问吧。

李伟：请你说说，"三言两语观成败，一举一动看兴衰"这句谚语。

赵大哥：嗯，这个意思是说你和一个人交往的时候，他随便刚开始的可能一两句话就能看出来他能不能成事，能不能把事情做好；从他平常的一举一动也能看出来他未来的发展情况。

李伟：就习惯决定成败是吧？

赵大哥：嗯，对对对，差不多这个意思。

李伟：哦，从一个人表面的一些行为就能看出这个人的品性、品德是吧？

赵大哥：嗯，差不多就这个意思。

李伟：哦，那你平常有没有刻意地去观察呀？我看你在这商店卖东西，平常见的人应该挺多的。

赵大哥：嗯，很多人。平常付个账、买个东西或者问个价什么的就常能看出一个人的性格。

李伟：有些人就是态度比较好，有些人连谢谢都不说，是吧？

赵大哥：对对对。

李伟：那你在这儿卖东西多长时间了？

赵大哥：我给人家打工，有两三年了。

李伟：时间挺长的啊。

赵大哥：还行吧。

李伟：那好，谢谢你啊。

陕北民谚访谈录

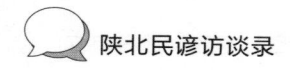

访谈 2：

2021年6月6日，李伟又在榆林学院南门炸鸡排店采访了白大叔（42岁，榆林人）。

李伟：叔，您好！我是榆林学院外国语学院的李伟。现在，我想采访您个问题。您现在忙吗？

白大叔：现在人不多，可以，你问吧。

李伟：三言两语观成败，一举一动看兴衰。您咋样理解这个谚语的？

白大叔：三言两语观成败，我觉得可以从一个人、一个生意、一个公司，甚至一个国家来说。咱们简单说小一点，说人吧，就是看行为。比如，普通两个人聊天，从对方一句话或者两句话就可以看出其品德。一举一动看兴衰，就是从一个人的一举一动就能判断其是怎样的人，以后发展如何。

李伟：谢谢，您说得太好了。

五、教的曲，唱不得

"教的曲，唱不得"这个谚语见于明代长篇小说《醋葫芦》第五回"周员外设谋圆假梦　都院君定计择良姻"：

成珪道："老弟既有好计，传我一个，还好摆布得转么？"
周智道："传便传你，只怕教的曲儿唱不会哩！"
成珪再三求道："成事在天，谋事在人，好歹做一番看。老弟不要吝教。"
周智道："若得遂计，还不为晚。你但依我做去……"

大画家齐白石说过这样的话："学我者生，似我者亡。"
一般解释为，向大师学习，不要死学，不能刻意地模仿，这样会"画虎不成反类犬"。"教的曲，唱不得"也有这层意思。
另外，"东施效颦"的典故，"知法不知窍，惹得鬼神笑"的民谚，都有助于人们更好地去理解"教的曲，唱不得"的含义。

访谈 1：

2021 年 6 月 4 日，杨蕾（女，榆林学院 20 级翻译专业，咸阳人）在榆星广场采访了张玉阿姨（43 岁，横山人，医生）。

杨蕾：您好，请问"教的曲，唱不得"是什么意思呢？
张阿姨：这是老一辈人提醒学习者的话。就是说如果你一味模仿老师，没有找到真正属于自己的风格和韵律等，那就是还没有真正地出师。
杨蕾：您能举个例子吗？
张阿姨：就好比孩子从开始学习走路，一步步地学会跑步，再到渐渐成长。

访谈 2：

2021 年 6 月 21 日，杨蕾线上访谈了王艳老师（38 岁，咸阳人，教师）。

陕北民谚访谈录

　　杨蕾：王老师，我有个问题想请教一下您。您对"教的曲，唱不得"是怎么理解的？

　　王老师：如果一件事不是出于自己的理解，别人再怎么教也没用。不是出自他自己的思想、认识和觉悟，他不具备那样的天赋、悟性和素质，光靠教他如何做或临时面授机宜，那是没有用的，甚至会南辕北辙、弄巧成拙。

　　杨蕾：那这个谚语在当下有没有什么特殊含义？

　　王老师：这个的话，就是什么事都要在心里懂得本身的道理，不一味地靠别人去教。

　　杨蕾：好的，谢谢您。

访谈3：

2021年7月2日，杨蕾线上采访了李小雨老师（35岁，西安人，音乐老师）。

　　杨蕾：李老师打扰一下，您知道"教的曲，唱不得"这句俗语吗？

　　李老师：我理解的是，不能墨守成规，要知道变通。从字面意思看，也就是说要根据自身情况，来进行下一步的计划。

　　杨蕾：您可以用咱们音乐方面的知识帮我解读一下吗？

　　李老师：声乐的话。我之前教你们时说唱歌就是"吹"歌。你理解其中真正的含义吗？气息要流动，声音要进腔体，有位置，就像风筝与线的关系，风筝线轻轻一动即可。这是教科书式的声乐知识，而具体的唱法技术，需要你自己去领悟，需要你自己研究适合自己的唱法。

　　杨蕾：知道了，谢谢老师。

附：

　　"教的曲，唱不得"，该谚语强调了模仿的不良影响。虽然，模仿是非常重要的一种学习方法，如临摹书法。但模仿不是邯郸学步，学了别人的东西，把自己的丢掉了，模仿应该是一种融合、整合到创新、超越的过程，也可以理解为，模仿是手段，模仿是途径，但不是亦步亦趋，模仿的目的在于"青出于蓝而胜于蓝"。

六、一个人扶十个人扶不起，十个人扶一个人扶起来

此谚语是柳青（原名：刘蕴华）的女儿刘可风在《柳青传》中提到的。

针对此条谚语，一些学生发表了自己的看法。

20级旅游管理专业1班的高婷：毛泽东提出的"团结一切可以团结的力量"也是该谚语的体现。新中国面貌的改变，需要依靠所有人的团结一致。

20级旅游管理专业1班的张欣蕊：2008年汶川地震时，举全国之力抗震救灾。2020年新冠肺炎疫情时，武汉封城，全国医护人员去支援。这些都是"十个人扶一个人扶起来"的体现。

20级旅游管理专业1班的王美霞：只有人们互相友善，互相帮助，才能促进社会和谐，才能达到更高的目标。

20级会计学专业的王丹：一个教室，靠一个人打扫卫生，需要很长时间，但大家共同打扫，一会儿就能打扫完，这也突出了"团结力量大"的意义。

20级旅游管理专业2班的黄诏：在拔河比赛中，单靠一两个人的力量是赢不了比赛的，需要所有人的配合。帮助人需要有共同的目标，也需要有一定的自觉性。

20级翻译专业的殷乐：一个人的力量比较弱小，一个人的力量是有限的。

有学生谈到，一个人帮十个人难免会疲于应付，但十个人帮一个人，就能从多方面帮助一个人，也不会给施与帮助的人造成过大的精神压力和经济压力。

与"一个人扶十个人扶不起，十个人扶一个人扶起来"意思相近的谚语还有很多，如"众人拾柴火焰高""人多力量大""人心齐，泰山移"等。

附：

1. 帮人就是帮自己

陕北还有其他谚语，如"平时不帮人，急时没人帮"，换种说法就是"平时肯帮人，急时有人帮"。这种帮助是相互的，今天你帮我，改天我帮你。

2. 帮人先从身边做起

陕北民谚又说，"人有三灾六难，全凭邻家对门"，意思是人在遇到困难

时，身边的人最先帮他，邻居就是最近的人。"远亲不如近邻，近邻不如对门"，说的是亲朋再好，但是"远水不解近渴"，这就提倡每个人都为身边的人提供援手，做好事，先从身边做起。

3. 付出就会有回报

种瓜得瓜，种豆得豆。帮助人的人，一般不会吃亏。有谚语说，"人心换人心，馍馍换点心"或是"人心换人心，四两换半斤"，不管是馍馍换点心，还是四两换半斤，都说的是以差换好，以少换多的意思。其实"以差换好""以少换多"并不是本意，而是接受帮助的人，对帮助自己的人，有感恩之心，想要报答。我们常说，"滴水之恩，当涌泉相报"说的就是这个道理。陕北有很多表达这个意思的谚语，如"朋友对我九十九，我对朋友一百一"，也是典型的注重互帮和施恩回报，另外"人敬我一尺，我敬人一丈"也有这个意思。

4. 人帮人，是国家的政治、经济制度决定的

邓小平同志提出的"先富带动后富，最终实现共同富裕"，说的就是先富起来的人，带动没有富起来的人，帮助没有富起来的人实现富裕，最后才能够实现共同富裕。

5. 由"他助"变"自助"：榆林赵家峁村的脱贫致富之路

帮人是善举，但是需要帮助的人也可以团结在一起。通过"自助"，摆脱对"他助"的依赖。

榆林的赵家峁村，贫困人口曾占全村的81.7%，是个深度贫困村，但是，通过走一条"股份经济合作社"的路子，几年以后就成了全国闻名的农村集体经济发展示范村和乡村旅游度假村，不仅脱贫了，还富裕了。

赵家峁"股份经济合作社"的路子，其实就是"人民公社"的一种创新模式，村民以土地、资金、人口、房产等入股，众人抱团，集中力量干大事，通过公司化运作，实现了盈利、分红。这就是典型的"自助"。

第二章　民主：毋意、毋必、毋固、毋我

第二章　民主：毋意、毋必、毋固、毋我

民主是人类社会的美好诉求。我们追求的民主是人民民主，其实质和核心是人民当家作主，它是社会主义现代化国家的重要特征，也是社会主义现代化国家建设的应有之义。

民主，从根本上来说，就是要尊重人、重视人、依靠人、团结人，给予人自己做主、自我主张的权利。本章共收录了6条谚语。

（1）"得理让三分"，主要说要见好就收。该谚语与"得理不饶人"是两种不同的处事态度。人们在劝他人退让一步时，常会用"宰相肚里能撑船""大人不计小人过"来宽慰人，期望得到一个"大事化小，小事化了"的结果。类似的谚语还有"有理不打上门客""打人不打脸，骂人不揭短"。

（2）"将人心比自心，强出问旁人"，主要说要换位思考，要理解对方的难处。

（3）"炕头劝妻，堂上教子"，主要说说话做事要注意场合，不要伤人自尊。

（4）"众人是圣人，圣人靠众人"，主要说帮助你的人就是圣人，要懂得依靠人，团结人。

（5）"丑话说在前头"，主要说事先要交代清问题，要给他人知情权。

（6）"先说响，后不要嚷"，主要说的是事先没商量不行，凡事要先协商好后再去干，不然过程中容易有分歧。

陕北民谚访谈录

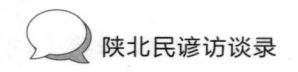

一、得理让三分

谚语中有"兄弟高打墙，亲戚远离乡"，说的是人们即使关系再亲近，哪怕是有血缘关系，相处久了，也会产生矛盾。为了避免出现太坏的局面，人们相互之间应远离一点，保持一定的社交距离。

这条谚语也折射出了生活中不可避免地会发生矛盾。现节选了以下四条谚语，来反映发生矛盾时，也要"得礼让三分"。

访谈1：有理不打上门客，有口不骂老年人

2019年，张甲鑫（男，榆林学院19级油气储运工程专业，宝鸡人）在榆林小纪汗镇采访了张老师（男，小学语文教师，60岁，已退休）和杨导游（男，陕北导游，45岁）。

张甲鑫：（开场白略）您先说一下"有理不打上门客"的意思吧。

张老师：你先给我说一下，你对这句话有什么理解？

张甲鑫：我只会看表面意思，这是不是说，客人不管做什么，主人都不能随便动手，表现主家好客的意思呢？

张老师：你只说对了一半，从字面上来解释说，再有理由也不能驱赶和打骂来自己家的客人，引申意义应该说，朋友之间有了矛盾，即使道理在我们这边，也尽量给对方台阶下。不把有些话说穿，不把有些事做绝。所以，这不是说人们热情好客的意思。

杨导游：没错，现在的人脸皮都薄，被说上几句，瞬间就和你翻脸，所以遇人遇事一定要给自己留有余地，给对方留点面子。

张甲鑫：是啊，这就是处事之道，话不能说绝，事不能太过。

附：

贾平凹在《腊月·正月》中写道：

王才坚信韩玄子待客，是不会拒绝他的，自古"有理不打上门客"，何况同村邻居，无冤无仇！[1]

访谈 2：打人不打脸，骂人不揭短

2019 年 11 月 13 日，童丽萍（女，榆林学院 19 级化学专业，宝鸡人）采访了榆林市横山人刘阿姨。

刘阿姨：你想知道"打人不打脸，骂人不揭短"是什么含义吗？

童丽萍：我只知道不能揪住别人的缺点说教，至于在咱们这儿是什么意思我还真不知道。

刘阿姨：那我就给你讲讲吧，俗话说"人有脸树有皮"，自尊心是每个人都有的，不要揭人家的短处，凡事处处给人留点情面，不要让人过分难堪。

---

[1] 贾平凹. 腊月·正月[M]. 杭州：浙江文艺出版社，2016：32.

二、将人心比自心，强出问旁人

该谚语的意思是要站在对方的立场考虑问题，说话做事不能以个人的利害得失为依据，老想着自己。

访谈1：

2019年11月25日，詹朝晖（男，榆林学院19级油气储运工程专业，渭南人）在榆林市金林小区采访了张国立老先生。

张国立：说起这句谚语，我想起一位当兵的老哥，过年回来时，他被小偷偷走了所有的钱，当小偷被他逮住后，（小偷）跪下来求他，让他别报警，他说他这么做只是为了让在炕上躺着的老母亲过个好年。

于是当兵的老哥下了火车后跟着小偷去了他家。他家房屋破旧，炕上还躺着他的老母亲，当兵老哥明白他这样做的原因，给他们置办了年货，走时候对那人说："以后不要做这种偷鸡摸狗的事了，自力更生，日子会越来越好的。"

我觉得这就是将人心比自心，做什么事要多站在对方的角度思考问题，你觉得那个小偷很可恶，但是，他做坏事也有迫不得已。

访谈2：

2019年11月，杜皎洁（女，榆林学院19级化学专业）微信采访了她的爸爸杜修珍（48岁，米脂人，初中文化）。

杜皎洁：你们大人常说将人心比自心，这是什么意思？

杜修珍：这个说的是人活一世都有个心，不管做什么，既要想到你自己也要想到人家，说话做事要注意场合，既要让别人听你说，也要让人家听了心里舒服，遇到事情要从多个角度想想，多站在人家一方想想，把人家的心比作自己的心，看你愿意这么做不，这就叫将人心比自心。

第二章 民主：毋意、毋必、毋固、毋我

附（李晓虎）：

《论语》里记录了孔子的话："己所不欲，勿施于人。"说的就是将心比心、推己及人的问题，简单来说，就是自己不愿意的，想必别人也不会愿意。那么，就不要让人家做你不愿意做的事，再进一步讲，连你都不愿意的事情，千万不能强迫别人去干。

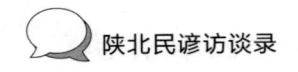

三、炕头劝妻，堂上教子

2022年11月3日晚上，李晓虎电话采访了康林生（男，1961年生，高家堡镇人）。

李晓虎："炕头劝妻，堂上教子"这句谚语一般在什么情况下会说？

康林生：我以前听到的是叫"炕头劝妻，棍头教子"。炕头劝妻，那是说在恩爱的基础上好劝。如果说正刨三野（土豆）、打金稻黍（玉米），或者正在拉一车石头，这时你还非要劝，即使劝得委婉，可能不仅劝不好，甚至还更恼了。在恩爱的时候，交流融洽的时候，就好劝。所以叫炕头劝妻。

李晓虎：那棍头教子呢？

康林生：就是拿一根棍，教育你往好了做。

李晓虎：我们现在普遍听到的是堂上教子。要还原一下场合，（炕头劝妻，堂上教子）这是在什么情况下说的？

康林生：总的来说，就是你说话要分场合，劝人也要分时间。

2021年5月，在大学语文课堂上，同学写下了他们对这条谚语的感悟。

20英语专业3班的刘莎莎：封建时代，男尊女卑，但当着他人的面责备妻子，也是男人没有文化修养的表现。

20英语专业3班的聂静蕾：在大家面前教育孩子，也会深深伤害孩子的尊严，孩子的自尊心会越来越弱，最终成为玻璃心，而且这也是不民主的。

20市场营销专业的张越：孩子有错，要及时指正，不然会错过最佳的教育时间，效果也就没那么明显。但是，人前教子，也会给孩子造成阴影。

20英语专业3班的李伟：民主意味着平等与尊重。不管是妻子还是孩子，都需要得到尊重与理解。孩子正处于人生中的成长阶段，也需要通过鞭策与督促，来形成正确的三观。

20资源专业的程文轩：一个劝字，写出了丈夫不会强加给妻子自己的想法，而是征求她的意见，让妻子也说出自己的想法。

20资源专业的齐宪庆：夫妻要避免在孩子面前发生冲突，以免给孩子造成心理创伤，要营造一个和谐的家庭环境。

20市场营销专业的李克豪反对"堂上教子"的说法：诚然儿子是后辈，但这不是不给予他"劝"的理由。

20市场营销专业的李宇杰：丈夫私下含蓄、温柔地规劝妻子，利于培养贤妻良母。丈夫顾及了妻子的尊严，体现出了民主。丈夫在大庭广众下对孩子进行教育或是体罚，是不民主的。

20市场营销专业的洛桑尼玛：夫妻关系起点脆弱，需要长时间的磨合。而父子关系，血浓于水的，是经得起考验的。但这并不是体罚孩子的理由。

20英语专业3班的任芮瑶：如果妻子有做得不好的地方，一定要关起门来商量。孩子小的时候，及时指出错误，有利于他改正。等孩子长大成年时，也要讲究民主。

20商务英语专业的何源洁："家丑不可外扬"。夫妻之间的矛盾，不应当在大庭广众之下吵嚷出来，两人都应保持在外人面前的一份体面。

20市场营销专业的冯丽：丈夫对妻子的开导，要语气平和，而非严肃地一味进行说教，妻子有则改之，无则加勉。

20商务英语专业的王燕："子不教，父之过"，但作为父亲，应以理以德服人。

附：

在一个家庭里，出现意见不合是常见的事，但是要如何处理呢？对妻子的意见、看法，丈夫要不要听取、接受？如果与自己的意见不统一，那么应该如何处理？

首先，在于沟通，了解对方的用意何在。

其次，要经过了解再去评判是非对错。即便错了，不是强迫妻子去改正，而要让妻子认识到问题所在，错在何处，这是对妻子起码的尊重，而且这也是在家庭里面，夫妻地位平等的体现。在一个家庭里面，应该各抒己见，这是起码的民主。

民主不是一言堂，而是要大家都能倾诉，都能表达，要做到"言者无罪"。由于夫妻地位是平等的，即便丈夫要去改变妻子的缺点，在方法上也要选择开导、规劝，而不是指责、训斥。即便丈夫要去指出妻子的过失，也要分场合，尽量在私底下，不要当着子女、亲朋或外人的面，否则会严重损害妻子的形象，伤到她的自尊。不利于夫妻感情的融洽，不利于家庭关系的和睦。

但是，教育子女时就要严厉一些，不能迁就。该认错的认错，该道歉的道歉，该赔偿的赔偿。否则，一味地惯着孩子，孩子就会不当回事，易将小错变成大错，甚至毁掉自己的前程。但是，切记不可体罚孩子，要以理服人。

四、众人是圣人，圣人靠众人

民谚中把众人与圣人画上等号，细细体味几番，实在是大智慧。不由得让人想起"皇帝老子管不了天下，穷叫花子吃遍天下"以及"敬了父母不怕天"等谚语。圣人是什么？天又是谁？老百姓都不管它。谁帮你，你又依靠谁？这个"谁"就是老百姓的"圣人"，就是老百姓的"天"。

访谈1：

2019年，黄肖亚（女，榆林学院19级化学专业，商洛人）采访了刘阿姨（咸阳人，她与丈夫在榆林经营一家小店，已有10多年了）和李某（当地农民，52岁）。

刘阿姨（评议）：俗话说，人多力量大，很多人一起出力，一起想办法，干一件事，就超过了圣人。

访谈2：

李某（评议）：是说很多人劲儿往一处使，那可是很厉害的。以前我们农民种个土豆、红薯什么的，收的时候，周边上的人都来帮忙，互相帮忙，大家就是圣人。现在生活好了，做这些事都有了机器，方便多了，不过说起来我还是喜欢人多些一起做事，热闹。

附：

党益民（陕西富平人，1963年人）在回忆他的母亲时说，母亲（许聪明，1940年人）最爱说的一句话是："众人乃圣人。"她说，这话有三层意思：众人说你是圣人，你才是圣人；众人里有能人，有圣人；只有虚心向众人学习，你才有可能成为圣人。

柳青《种谷记》中有这么一段话：

这一下可好了，王加扶、赵德铭和福子全赞成。问王克俭的时候，他说："我早说过了，众人是圣人。"

陕北民谚访谈录

《吕梁英雄传》（马烽、西戎合著）第53回"集思广益订计划，乔装改扮抓伪军"中，写到了民兵想惩治汉奸的故事。

孟二楞气得大声吼道："……老子拼上命也要出这口气！"大家乱纷纷地说："指导员，中队长，给咱下命令吧……

老武见民兵们战斗情绪很高，心中很高兴；但又怕这些小伙子偷偷出去闯乱子，于是说道："打是可以打；不过咱们硬攻碉堡是不好办！咱们做的是没本钱买卖，赚得起赔不起，大家伙出个主意，想个计策才好！"民兵们听了，气才平了一些。一面走，一面开始讨论。

最后，民兵们商量出了假扮日军，缴械伪军的好计谋。

老武听着，心中已经有了个底子，说道："真是众人是圣人！……"

在这里，众人是圣人，就指的是众人集思广益智慧多的意思。

附（李晓虎）：

圣人指德行完备，又造福百姓的人。一般来说，我们常说的圣人指孔子，孔子推崇的圣人是制作礼乐的周公。后世称孟子为亚圣，颜回为复圣。

在民间，还流传这样的说法，酒圣杜康，诗圣杜甫，武圣关羽，兵圣孙武，书圣王羲之，画圣吴道子，史圣司马迁，茶圣陆羽，医圣张仲景等。

谚语"众人是圣人"，主要指人多力量大，人多出智慧，是老百姓"团结"精神的体现。

五、丑话说在前头

谚语"丑话说在前头",可以说是谦辞,带有商量的口吻。

2021年5月29日,李丰歌(女,榆林学院20级英语专业3班,黄陵人)就"丑话说在前头"这条谚语采访了榆林学院餐厅的刘阿姨。

李丰歌:您好,我可以采访您一下吗?

刘阿姨:可以啊。

李丰歌:谚语"丑话说在前头",您知道是什么意思吗?

刘阿姨:这句话的意思是,事先把需要提出的条件或者是可能出现的严重后果等讲清楚、讲明白。

李丰歌:是这个意思啊,那您可以给我举一个例子吗?

刘阿姨:假如雇一个员工,他来了肯定要问工资是多少,然后咱们就要把所有可能发生的事情都要讲出来,如奖金与惩罚等,要给他当面说清楚,避免以后扯皮。这就是"丑话说在前头"。

李丰歌:就是说把道理先讲清楚,如果以后有不好的事情发生的话,就可以少一点矛盾纠纷。

刘阿姨:对的。

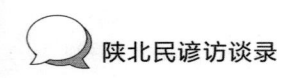

六、先说响，后不要嚷

谚语"先说响，后不要嚷"，说的是事先没有约定，事后容易有争议。

访谈1：

2021年10月5日下午，田俊（男，榆林学院21级物联网工程专业，宝鸡人）在外公家采访了外公（姓苏，69岁，宝鸡人，农民）。

田俊：外爷，你听过"先说响，后不要嚷"这个谚语吗？

外公：听过。

田俊：那你给我说一下这句谚语的意思，我还不太理解。

外公：这意思就像咱们说的"一口唾沫一个钉"，说话要诚信，是这个意思。就和咱们养猪一样，如果和贩猪的定死了六块半一斤，那人家拉来了，最后几天（猪肉价格）上涨了，上涨了你又跟人家要七块一斤，你就跟人家说不过去，人家就要和你打官司。这就是说"先说响，后不要嚷"。以前你说的（价格）低，那也是你的事，人要有诚信。

访谈2：

2021年10月6日上午，田俊又在外公家采访了舅舅（姓苏，42岁，宝鸡人，工人）

田俊："先说响，后不要嚷"，这句谚语你听说过吗？

舅舅：对"先说响，后不要嚷"这种说法没听过，不懂，但咱们这边有同意思的说法。

田俊：那你给我讲一讲，我理解一下。

舅舅：咱们这儿一般情况下，都是说"先叫后不改"。咱们平常在外面做事的话，要"先小人，后君子"，以我个人的理解的话，意思应该差不多。

田俊：理解这句谚语，你有没有什么典型的例子。

舅舅：在一些事情发生以前，两人有了口头约定，就要遵循契约精神。

第二章 民主：毋意、毋必、毋固、毋我

既然前面已经达成了一个口头约定，大家都已经说清楚了，你后面就不能违背前面说的话，说白了就是契约精神。

附（高志峰，男，米脂人，1963年）：

事先把条件规则说清楚，以后就能避免吵吵嚷嚷地扯皮。

第三章　文明：文质彬彬，然后君子

第三章　文明：文质彬彬，然后君子

文明是社会进步的重要标志，也是社会主义现代化国家的重要特征。它是社会主义现代化国家文化建设的应有之义。

本章收录了6条谚语：

（1）"红火不在人多忌"，从根本上来讲，它说的是人的归属感或幸福感的问题，一般来说，"红火"要在亲人和朋友中才能感受到。

（2）"笔杆没多重，无志拿不动"，要求我们每个人要活到老，学到老，养成读书的良好习惯。

（3）"学知识从零开始，讲礼仪从小做起"，谈的是教育要从小抓起，教育要循序渐进。

（4）"相敬相让吃不了，争争吵吵吃不饱"，告诉我们要懂得为别人考虑，在生活中要礼让人。

（5）"礼貌待人，顾客盈门"，说的是做生意要和气生财，不要用有色眼镜看人，不要势利眼。

（6）"死要面子活受罪"，告诉人们不要因好面子而讲排场，不要没条件讲条件，这样难免让自己陷入困窘。

陕北民谚访谈录

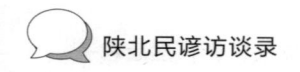

一、红火不在人多怠

在访谈时该谚语难倒了很多人。说到底，红火是一种气氛，更是一个人的心理感受，与场合肯定有关系。

访谈 1：

2021 年 7 月 12 日，李金花（女，榆林学院 20 级商务英语专业，榆林人）在定边体育场采访了王叔叔（出租车司机，山东籍）。

李金花：叔，打扰一下，就是问您一个问题，您听过"红火不在人多怠"吗？知道它的意思吗？

王叔："红火不在人多怠"，这个"红火"就是咱这儿说的热闹的意思，"不在人多怠"，就是说，不在人有多少，这个"多怠"，就是多少的意思。这句话就是说，你想找热闹不要光看人有多少。

李金花：您有没有相关的例子，或者说你经历过的事？

王叔：例子那多了，就像咱每年过年，一家人聚在一起，也就几个人，那很热闹。但是有的时候，村里或镇上搞活动，像庙会之类的，要是没意思，人去多了，也就是随便看看就散了，热闹不起来。

访谈 2：

2021 年 7 月 24 日，在北京，马亚军、戴斌和我（李晓虎）同乘一辆车，他俩谈起了这几天在北京的几个酒局，还谈起了榆林人喝酒的那些事。

马亚军说："有些人经常在一块喝酒，大家以为这些人都是爱喝酒才常聚一块儿的。"但是，其中有个人给他说了这么一句话："还真是爱喝那个酒了？是撂不下那个红火。"

我们就开始讨论这个"红火"的问题。

马亚军说："你看那些喝酒的，划拳摇色子，胡吃乱侃，有时凌晨一两点还不散。"

戴斌评论说："喝酒是成年人的游戏，就图个红火、热闹，也是一种消遣、娱乐，跟酒本身的关系并不大。他们喝点儿酒，拉拉话，心情放松了，也联络感情了。"

我很同意戴斌的说法。生活不能太冷清，过日子图个红火、热闹，但不管人多人少，只要有个伴就不孤独了。因而"红火不在人多怠"这条谚语就很有道理。

马亚军又谈到了酒的好坏的问题。他说："不管贵贱，喝了不难活的都是好酒。"我也深有同感。

我又记起一个酒场上的段子，有人劝酒，那个不爱喝酒的人就急了，说："你爱喝你喝么，我喝我难受了么！"惹得很多人笑了。

是的，酒喝多了或是喝了不好的酒身体会难受。也不能为图个红火，强逼不喜欢喝酒的人喝酒。张飞不就因酒误事丢了徐州城吗？

那天，戴斌还谈到了他的爱好，他说："我不喝酒，我的爱好跟老年人一样，写字、下棋、钓鱼，都是一个人的事。"

戴斌为什么不好喝酒呢？我考虑可能有两个因素：一是戴斌工作很忙，而且他有很多"正事"要做。二是戴斌是研究生，是教师，他喜欢读书，喜欢安静。

总之吧，一定不能为了图个"红火"，而沾染上不良嗜好。如果喜欢上写字、读书，也就能撂下那些"红火"。

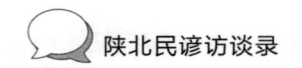

二、笔杆没多重，无志拿不动

2021年6月29日，汪晨（女，榆林学院20级旅游管理专业2班，西安人）微信采访了她的高中语文老师——张老师。

汪晨：老师，您好，请问您听过"笔杆没多重，无志拿不动"这句谚语吗？

张老师：你好，老师听过这句谚语，这就是关于读书的谚语呀。

汪晨：那您能说说这句谚语是关于哪个年代的吗？

张老师：这就不清楚了，毕竟也这么长时间了，谁能记得清楚啊！

汪晨：好的。那您说说对这句谚语的理解吧？

张老师：没有大志的人，就算你聪明，照样也不成事。就跟咱班孩子一样，脑瓜子可聪明了，说什么都知道，但就是不立志好好学习，把老师急得呀！

汪晨：那这条谚语在当下还有没有什么意义呢？

张老师：这都是老谚语了，我也就只知道关于读书这个意思，剩下的也都是一知半解。

汪晨：那您有多久没听过这条谚语了？

张老师：这也就只有老一辈人说，像我这种年纪的人很久都没听到过了。

三、学知识从零开始,讲礼仪从小做起

2020年12月27日,陈琪(女,榆林学院中文系20级本科3班,汉中人)采访了榆林二街上的马爷爷,马爷爷是一位五十岁的榆林本地人,他说因为家里没啥事干,刚好也清闲,就出来帮着扫大街。

(陈琪:看到爷爷的那天我就有种亲切感,大部分的榆林人都是这样,每个人都在真实又认真地活着,用自己的方式和言行为自己创造一片天地。爷爷说他没什么文化,但是也想尽力帮帮我,爷爷很乐意回答我的问题。)

马爷爷:这句话我觉得就是说,做任何事都要从基础做起。这句话其实在娃娃们小时候的书上应该有,娃娃们什么习惯都还没有形成,所以就让他们从最基础的开始学,一开始肯定好学。还有关于礼仪,父母在娃娃们小的时候就要开始教他们讲礼貌,你说为什么不大了再教?就是因为娃娃们还小,习惯还比较好养成,你现在都这么大了,习惯肯定早就养成了,如果现在让你养一个习惯,那肯定就难了。

(陈琪:看到爷爷在尽自己最大的努力给我解释这些意思时,我着实很感动,我觉得爷爷既可爱又善良。)

陈琪:好的,我知道了,那您最后还有没有要补充的?

马爷爷说:我是个没有上过太多学的人,了解得不多,你们都是大学生,懂的比我多多了,不过最后还是想说,你们一定要把基础打好,学什么都要有始有终,完完整整地做事。好了,就这些。

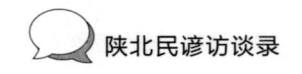

四、相敬相让吃不了，争争吵吵吃不饱

"相敬相让吃不了，争争吵吵吃不饱"，这条谚语在民间还有另一个说法，"谨谨让让吃不了，争争吵吵不够吃"。

访谈 1：

2020 年 12 月 19 日，张倩（女，榆林学院中文系 20 级本科 3 班，绥德人）采访了榆林本地人贺先生（贺志雄，50 岁左右，有文化修养，健谈）。

张倩：叔叔，请问您知道"相敬相让吃不了，争争吵吵吃不饱"这句谚语吗？

贺先生：相敬相让，那就是互相谦让了。

张倩：对。

贺先生：都互相谦让，就都能吃好。

张倩：争争吵吵吃不饱。

贺先生：就是有的人心态变了，本来吃饱了，又开始争，开始抢，那就不够吃了，就这个意思。

张倩：您最近听过这句话吗？

贺先生：一般在劝解人的时候人们常说这个话。

张倩：那这种咱们身边肯定会有例子吧？

贺先生：相敬相让吃不了，争争吵吵吃不饱，这个是传下来的，就是要做个有礼貌的人，不要一天争争吵吵，做什么都把自己弄到第一位，越好强的人越不得好，做人还是要谦让一点。

张倩：挺有道理的，谢谢叔叔。

访谈 2：

2021 年 1 月 18 日，张倩又采访了一家陕北小吃店的老板娘张阿姨（张建清，女，55 岁，绥德义合人，现居绥德县城，开一家陕北小吃店，虽然文化水平不高，但是能说会道，能言善辩）。

张倩：姨姨，有一句话叫"相敬相让吃不了，争争吵吵吃不饱"，不知道姨姨你知不知道这句话？

第三章 文明：文质彬彬，然后君子

张阿姨：就好比一个家里有三个人，蒸了两个馍馍，如果互相谦让，那就都能吃上。如果互相争抢，就都吃不够。

张倩：嗯，是了是了，姨姨，那还有没有其他的理解。

张阿姨（想了一阵说）：小时候老人们常说"谨谨让让吃不了，争争吵吵不够吃"也是同样的意思，就是说互敬互爱，你让我，我让你，就都有了。

张倩：嗯。

张阿姨：你抢我也抢，就乱了，谁也没有了。

张倩：嗯。

张阿姨：那大概就这个意思。

张倩：嗯，好的，好的，谢谢姨姨，谢谢姨姨。

附：

《道德经》第3章载：

不贵难得之货，使民不为盗；不见可欲，使民心不乱。[①]

在20世纪的一段时期内，我国人民的温饱问题还未解决，饿着肚子的人，就难免为吃生事。

孔子在《论语·季氏》篇中指出："闻有国有家者，不患寡而患不均，不患贫而患不安。"孔子的态度就是，东西虽然不多，但若人人有份，就会相安无事。

谚语"相敬相让吃不了，争争吵吵吃不饱"，也就是针对生活中"不均"的现象，想让彼此能够礼让，不要独占，不要多占，更不能"我得不到的，也不让别人得到"。

总之，就是让每人都分得一杯羹，每人都吃得到。

[①] 老子.道德经[M].若水古社，译注.扬州：江苏广陵书社，2021：113.

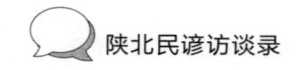

五、礼貌待人，顾客盈门

在 2021 年上学期大学语文的课堂上，同学们就该谚发表了自己的看法。

20 级商务英语专业的付望达：你对别人有礼貌，别人会感到愉悦，对你的印象会很好，愿意来你家做客。你以一颗善良的心对待他人，他人就会感受到你的善心，感觉你平易近人，就愿意和你交往。比如，你的邻居对人很好，大家就都愿意和他攀谈。假如你去同学家玩，他的家长对你态度不好，你以后也就不愿意去他家了。

20 级资源专业的候利娜：消费本身就是为了让自己开心，花钱受辱，谁会干呢？

20 级市场营销专业的翟曼如：海底捞以礼貌待人，良好的服务态度，吸引大批顾客前往消费。

20 级资源专业的周淇淇：如果导购用有色眼光看人，会让人反感，以致再也不会到这个店里购买东西。服务者对顾客不礼貌，无疑是在自毁招牌，这个店也不会长久存在下去。

20 级资源专业的康紫艳：去打印店打印东西，店主自顾娱乐，我也就不再来这家店了。

20 级市场营销专业的宋道：只有好好说话，才能生意场兴隆。

20 级市场营销专业的王龙兴：对待顾客要以礼相迎。

20 级资源专业的李权印：顾客去店里买东西，如果老板一副愁眉苦脸样，那买家心情也会不太好，所以卖家要微笑待客。

20 级商务英语专业的何源洁：一个店面的导购员若因顾客不同的衣装及消费能力提供不同的服务，会使该店的口碑大打折扣，毕竟没有人想要花钱买气受。

20 级商务英语专业的刘毅帆：在现实生活中，有很多很多讲礼貌的人，如有些服务员总是微笑着招待客人，给顾客一个好印象。即便有些顾客会找麻烦，但他们总是耐心地帮助顾客，尽量满足顾客的要求，让顾客感到舒适，感受到了被尊重，他们就会再来光顾。

第三章 文明：文质彬彬，然后君子

20级英语专业3班刘静怡：礼貌待人，尊重他人，会有越来越多的人愿意与你交往。

20级英语专业3班王卓希：我之前去一家店吃饭，上菜的人每次都吊着个脸，服务态度也不好，即便他家饭菜很好吃，我也不想去吃了。

以礼待人，别人也愿意同你往来。相反，当你恶意相向时，别人就会远离你。

附：

《论语·学而》载：

子禽问于子贡曰："夫子至于是邦也，必闻其政，求之与？抑与之与？"子贡曰："夫子温、良、恭、俭、让以得之。夫子之求之也，其诸异乎人之求之与！"

子禽问子贡说，老师（孔子）每到一个地方，都能听闻那里的政事，老师是怎么做到的？是老师打听到的吗？还是别人告诉他的？子贡回答说，老师性格温和（温），待人友善（良），对人恭敬（恭），生活俭朴（俭，不铺张，不浮华，让人容易接近），能够谅解人（让，不与人斤斤计较，能体谅人，原谅人），老师因为有了"温、良、恭、俭、让"这样高尚的品德，使得人们愿意接近老师，人们也愿意把自己知道的事情告诉老师。这就是老师和常人的不同之处吧。

温、良、恭、俭、让，其实就是一个人礼貌的具体表现，你对人有礼貌，别人就会亲近你，敬重你，愿意与你谈论事情。

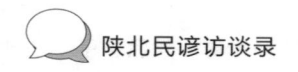

六、死要面子活受罪

"死要面子活受罪"是很常见的一条谚语,如有的人饭量大,但去人家做客时不敢吃饱。比如,红白事上要记礼(份子钱),有的人挣得少,但非要和别人给得一般齐。这些都是常见的"死要面子活受罪"的情况。

由面子能牵扯出关于人们文化心理的诸多问题。

1. 爱面子——怕失败

2019年12月16日,谢田田(女,榆林学院19级化学专业,靖边县人)在榆阳区采访了刘大爷(80岁,陕北人,事业单位退休)。

刘大爷(评议):"死要面子活受罪"的意思说一个人因爱面子而遭受痛苦。比如,穷人好面子,遇到困难容易打退堂鼓,而富人却有一种不达目的绝不罢休的信念。

2. 在意面子——不想欠人情

2021年6月5日,李梦(女,榆林学院20英3,绥德人)在绥德县名苑小区采访了她的母亲李女士(55岁,绥德县人,做生意)。

李梦:妈妈,"人穷心多,马瘦筋多",你听过这个谚语吗?

妈妈:听过。

李梦:这个谚语大概说的是什么意思?

妈妈:比如,你让别人吃上一碗饭,那心多的人就要还给你。再比如,富人家做什么都可以,穷人家就又怕赔,又怕人骗,怕吃亏(妈妈啧嘴表示很感慨),其实自己什么也没有,但是就是前怕狼,后怕虎,人穷就想得多。

3. 碍面子——拿了人家好处

2020年3月,张瑞环(女,榆林学院中文系18级本科4班,佳县人)在佳县香炉寺做了陕北民谚访谈。

张瑞环:奶奶也来啦!奶奶,你知道陕北民谚吗?

奶奶:吃人家的嘴软,拿人家的手短,这是不是?

张瑞环:这句话是什么意思呢?

奶奶:这个讲的是一旦接受了别人的好处,占了别人的便宜,就很难拒绝对方的请求了，不然面子上就过不去。人毕竟还是要靠这脸面活呢。哈哈哈！

4.面子是人情换下的

2019年11月，赵聪（男，榆林学院19级油气储运工程专业，渭南人）在子洲县槐树岔乡，就陕北民谚"人在人情在，人死人情没。"采访了路人张爷爷（农民，70岁左右）。

张爷爷：你父母在的时候在村里积攒了不少人脉，你要办什么事求别人，别人都会看在你父母的面子上给你帮忙，当你父母不在了，你又不长期在村里生活，你父母的人情也就不在了，你就不能随便求别人帮忙了，不然你就欠下别人的情分了。

5.要面子是自尊的表现

2020年2月10日，刘蓉蓉（女，榆林学院中文系19级本科1班，米脂县镇川人）采访了王爷爷（王爷爷是刘蓉蓉的亲戚，今年76岁，米脂人，以种地为生）。

刘蓉蓉：爷爷，"好马出在腿上，好男出在嘴上"大概是什么意思？

王爷爷：判定一匹马是不是好马，就看这匹马是否跑得快，是否矫健。判定一个人的品格，就看他会不会说话。有些不会说话的人，一说话就得罪人，但有些聪明的人，说话会注意分场合。给你举个例子，假如有学生犯错误了，有些莽撞的老师就会大声批评，这会让学生很没有面子，非但不会改正，还可能更加生气。但是聪明的老师就会和颜悦色地教导学生，使学生听了之后会改正。

6.不要面子不行，要面子会很累

2019年11月1日，白宜忻（女，榆林学院19级化学专业，延川人）电话采访了她的奶奶梁玉兰（延川人，1937年生，她从小就生活在农村，每次到我家来，总是给我讲一下她那时候的事情，而且还用民谚来给我讲道理。）

白宜忻：奶奶，我经常听你说"树要皮，人要脸"，这你是怎么看的？

奶奶：乖孙，奶奶给你说，这人啊不管什么时候一定要脸，不能连脸都不要了。记得当年人民公社时，咱们村有个人每次干活能偷懒就偷懒，但是每次吃饭时，他吃得最多。乖孙你一定不要学这种人。

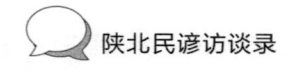

白宜忻：嗯，我知道了。

奶奶：当然了，人也不能太要面子。太要面子，那正好应了"死要面子活受罪"这句话了。

白宜忻：奶奶，那这句话你是怎么看的？

奶奶：我给你说，人要脸，是好事。但是也不能太要面子了，要不然肯定会很累的。

白宜忻：奶奶，我的作业差不多完成了，再见，注意身体。

奶奶：好，孙儿，放假回家奶奶给你做你最爱吃的菜。

7. 要把面子给足了

2020年4月，姬波（男，38岁，榆林人）在延安市延川县文安驿镇禹居村，采访了同事李柱成（子长人，善于观察生活，爱收集一些地方生活谚语）。

姬波："丈母娘亲女婿，亲得像抱窝鸡。""抱窝鸡"什么意思？该怎么理解这句话？

李柱成：意思是就是说女婿到老丈人家串门，丈母娘热情得像老母鸡疼自己的小鸡仔一样，好吃好喝地招待。表面上这是抬举女婿，实际上是心疼自己的女儿，希望女婿回家后好好善待她的闺女。给足了女婿面子，女儿就不会在婆家受气受累。女儿再大，即便出嫁了，也是自己身上掉下来的一块肉。

附：

《论语·公冶长》篇记录了这样的一句话：

子曰："孰谓微生高直？或乞醯（xī）焉，乞诸其邻而与之。"

译：有人向微生高（姓微生，名高，鲁国人，以直爽著称）借醋，他自己家也没醋了，但他也不拒绝人，而是向邻居借来醋后再借给人。

有人认为微生高很直爽，但孔子不这样认为，自己没有，也不向人说明。这是直吗？

"以乞予乞"，孔子是不赞成的。大家怎么评价这事件？

第四章　和谐：讲信修睦、亲仁善邻

第四章　和谐：讲信修睦、亲仁善邻

和谐是中国优秀传统文化的基本理念，集中体现了学有所教、劳有所得、病有所医、老有所养、住有所居的生动局面。它是社会主义现代化国家在社会建设领域的价值诉求，是经济社会和谐稳定、持续健康发展的重要保证。

本章收录了6条谚语。其中：

（1）"父子爱财子不孝，兄弟爱财失同胞，亲戚爱财休来往，妯娌爱财家分了"谈的是"爱财失亲"，以致家族不和的问题。

（2）"娃要媳妇要盖房，能把老人愁断肠"，说的是父母拉扯大子女还不算完，还要操心他们的婚嫁。该谚语勉励子女自力更生，不要成年了还给家里添负担。

（3）"家有一老，如有一宝"，虽然讲的是孝敬老人的问题，实际上是家风问题。如果有好的家风，一家人和睦，家和万事兴。

（4）"妻贤夫祸少，子孝父心宽"，说的是一个家里，妻子若家长里短，儿子若惹是生非，那么这个家的男人就好不了。

（5）"穷要本分，富要谦让"，说的是礼法的问题。与孔子"君子固穷""贫而乐，富而好礼"的旨义接近。

（6）"男人是个耙耙，女人是个匣匣，不怕耙耙没齿儿，就怕匣匣没底儿"说的是在传统文化中，男主外，女主内，夫唱妇随，各司其职，是家庭和睦之道。

陕北民谚访谈录

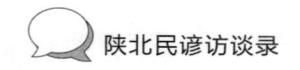

一、父子爱财子不孝，兄弟爱财失同胞，亲戚爱财休来往，妯娌爱财家分了

"子曰：'放于利而行，多怨。'"

访谈1：

2021年5月15日，许钰敏（女，榆林学院20级会计学专业，山西运城人）在榆林市季鸾公园，采访了正在健身运动的张荣荣（25岁，技术人员）。

张荣荣：家和万事兴，父子兄弟之间血浓于水。亲情是难以割舍的，和亲人相处，要有一颗宽容心，要换位思考，即使穷困，彼此可以在一起共同努力。

但是有些人有钱了，兄弟或是父子，非常在意这些，可能会断送亲情。例如，父亲太爱财，儿子就不会很好地孝顺父母。亲戚之间也不要有过多金钱上的来往。亲戚在平时遇到困难时应该相互帮忙，但也有可能因为金钱而关系破裂。

访谈2：

2021年6月5日，许钰敏访问了家住榆林市望湖小区的马先生（54岁，律师，阅历丰富，开朗健谈）。

许钰敏：马先生，您好，我是榆林学院一名在校学生，我们现在要求进行一个关于陕北民谚的访谈，请问可以作为我的访谈对象，简单地说说您对这些谚语的看法和理解吗？

马律师：可以。

许钰敏：有一句民谚"父子爱财子不孝，兄弟爱财失同胞，亲戚爱财休来往，妯娌爱财家分了"，请问您听过吗？它大概说的是哪个年代的事情？对于这句谚语，您是如何理解的？

马律师：我对这个的理解是，不管父子也罢，兄弟也罢，妯娌之间也罢，亲戚也罢，一旦过于爱财，就会导致不孝、失去来往，以及分家的结果。

不管是父子、兄弟、亲戚，还是朋友，都要团结互助，不能过于看重财物。一旦过于看重财物，就会导致人们之间失去团结、友爱，甚至导致父子之间产生仇恨。所以，后来也有一句话，叫作"亲兄弟，明算账"。意思是说，不管怎么样，先把钱财算清楚，也就是"先小人，后君子"。

许钰敏：就是人跟人之间关系势利化了，金钱化了。

马律师：以前，邻居之间或朋友之间，即使相互借钱，也比较有诚信。所以，相互之间的友谊能够长久。一旦丧失诚信，就有了借贷危机。以前借钱，说什么时候还，就什么时候还，甚至连个借条都不打。而现在，人跟人之间容易谈钱色变。

许钰敏：谢谢您的分享。

二、娃要媳妇要盖房，能把老人愁断肠

这是一名女护工的故事。2021年3月，笔者在榆林二院跟一名年龄刚过50岁的女士聊天。她谈起她的二儿子，快30岁了，还没结婚，在电脑城修手机，去年买了一辆车开着，但是没有钱买房，也谈不上对象。这位女士说："现在女娃娃一听你没房，就不跟你往下谈了。"

这名女士很乐观，她说她有些富裕的同学，她们经常组织聚会，她常跟她们一起玩，她们同学也不让她花钱。

这名女士在榆林打工，她的丈夫在家里和大儿子一家一年也挺忙的。只有下雨天才能好好休息一下。过日子没问题，挣些辛苦钱。她最愁的就是二儿子，现在榆林房价贵了，不好的房子也要六七千元一平米，好房子要一万多元一平方米。

就这条谚语，同学们在课堂上写出了自己的看法。

20级旅游管理专业2班的黄诏：在中国人的思维与观念里，父母要操心儿女一辈子，要给儿子娶媳妇、盖房子、带孙子，条件不好的人会非常苦恼。

20级旅游管理专业1班的高婷：两人结婚要有个家，但儿媳妇往往又不愿跟老人住在一起，农村人买房更不容易。

20级旅游管理专业1班的郑妍：在新时代的今天，男女平等，两个人完全可以凭借自己的努力，一起工作赚钱买婚房，不能一直依赖父母。

20级翻译专业的徐可仪：孩子长大了要娶媳妇也要盖新房子，以前的老人总认为这是他们的责任，生怕这些愿望自己不在世了还实现不了。

20级翻译专业的王雅卓：老人非常想为自己的孩子谋划好一切，但又有些负担不起。

20级翻译专业的边倩：没有新房子就娶不到媳妇，这直接成为父母的压力。

20级翻译专业的李阳：被父母全面安排长大的孩子，一切危险与风雨都被遮挡，这不利于孩子的成长。

20级翻译专业的骆启腾：父母养育子女成人本就是一件费时费力的"大工程"，而子女的婚嫁从来是一个家庭的头等大事。父母不仅要满足子女嫁娶

的要求，还要筹备嫁妆和彩礼，希望子女成家后能更幸福、更长久，因此压力可想而知。随着压力增大，自然愈发忧愁。

20级旅游管理专业2班的李易聪：孩子长大了，要娶媳妇，要买房子，准备彩礼。辛劳半生的老人如果买不起房，只能咬牙坚持，为孩子继续打拼。

20级旅游管理专业1班的张欣燕：年轻人不思进取的表现就是"啃老"，凡事不靠自己，靠父母的，终不能成大器。

20级旅游管理专业2班的张颖：传统思想中的"娶妻生子，无后为大"禁锢着人们，老人为下一代做准备与打算，是对自己过度的禁锢。

20级旅游管理专业2班的张明：即便在现在的社会，父母为孩子置办家业变得天经地义，媳妇要房也习以为常，这些重担全部压在了老人身上。然而有的人在年老之后，赚钱方式变得单一且低效，这无疑成了他们最大的烦恼。

20级旅游管理专业2班的王彦权：家里帮一下也行，但不要所有的忙都靠家里帮。

20级会计学专业的袁丹：儿子没本事，娶个媳妇还要靠老人，一天天向老人发难，愁死了父母。

20级旅游管理专业1班的王美霞：谚语从侧面反映了中国传统保守思想在现代社会的一种延续，也看出了婚姻的基础是物质。

20级会计学专业的贾慧：谚语反映了当下时代中一些类似于"啃老族"的人，自己没有作为，只想着从家中老人身上获利，这种做法不恰当。

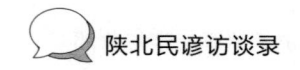

三、家有一老，如有一宝

该谚语主要反映了中华民族孝的美德，即家里父母健在，子女有老人奉养和陪伴，是家庭和谐之宝。

访谈1：

2020年12月1日晚7：30，白雨彤（女，榆林学院中文系20级新闻学专业，延安甘泉县人）电话采访了她的大伯（白大大，64岁，农民）。

白雨彤：喂，大大，今天干什么了？

白大大：刚和你大妈还有白还涛吃完饭，现在坐着看电视呢。

白雨彤：现在家里的活儿都忙完了吗？

白大大：忙完了，现在不忙了。

白雨彤：大大我们老师给我们布置了个作业，让我们就陕北民谚进行一个采访，我现在问一下你行不？

白大大：行，你问。

白雨彤：你知道"家有一老，如有一宝"这句话不？

白大大：知道。

白雨彤：你对这条谚语是怎么理解的？

白大大：家有一老，指的就是家里有老人，如有一宝，就是说家里的老人特别重要。以前不是都说"不听老人言，吃亏在眼前"，和这个意思就差不多。也就是说家里的年轻人在做决定的时候要请教一下家里的老人，让老人出出主意，一般老人说的对，也挺准，因为他们的经验比较丰富。

白雨彤：你给我举个例子可以不？

白大大：比如，你二哥那两年在××公司上班，当时想辞职，一直没想好，拿不定主意，最后就去问你爷爷了，你爷爷说："那就辞了，在那儿干活，一天挣得少，人还受苦，没什么干的了。"最后你二哥就去辞职了。

白雨彤：我知道了。

白大大：嗯，那就这样。

白雨彤：好，那你们先看电视，我先挂了。

访谈 2：

2020 年 12 月 2 日下午 5 点，白雨彤在一个砂锅美食店采访了老板娘李阿姨（40 岁，其他信息不详）。

白雨彤：阿姨，您有没有听过"家有一老，如有一宝"这个谚语？

李阿姨：听过。

白雨彤：阿姨，那您可以给我讲讲嘛？

李阿姨：形容家中的老人就像宝贝一样珍贵。这个"宝"字可以说是活宝。比如，老人如果在的话，家里逢年过节儿女都会回去，家里就比较红火。另外，也可以指老人生活经验充足，阅历丰富，可以给子女以指导。

白雨彤：阿姨，您可以给我举个例子吗？

李阿姨：前几年我爸在的时候，我们兄弟姐妹几个一到过年，就商量回老家，看给我爸买点什么东西，回去热闹热闹，回去还领着一群孩子，陪老人一起打个火堆什么的，可红火了。自从我爸殁了以后，我们就不怎么回老家过年了，因为回去也没事，现在就都在自家过了。

白雨彤：阿姨，我明白了，谢谢阿姨！

附 1：

2019 年 12 月，雒强（男，榆林学院 19 级化学专业，绥德县满堂川乡康家圪崂村人）采访刘大爷（绥德刘家庄人，62 岁，居住于榆阳区）对于"在家孝父母，何必远烧香"这一谚语的理解时，刘大爷谈到了父母对于一个家庭，对于一个人的重要意义。

刘大爷："在家孝父母，何必远烧香"，千拜佛万磕头，不如扎扎实实敬父母。家有父母老人，是子女的最大幸福。堂前尽孝，是最大的善事。

附 2：

  2019 年元旦，我爷爷李振家逝世，享年 93 岁。我二妈在灵前哭丧，我记得很清晰的一句就是："你走了，把我们古今滩的路敢断了吗！"因为儿孙早都进城了，农村只有爷爷一人在。以前逢年过节，一年也要回去个五六趟。从今往后，也就清明、过年回来上坟，逗留一会儿就走了。因而二妈的哭丧中，表达了老人一殁，很少会来老宅了，也与村里无甚瓜葛了。

四、妻贤夫祸少，子孝父心宽

虽然丈夫是家里的顶梁柱，但也会受到家人的牵绊。过去，妻子一般称自己的丈夫"当家的"，对外人说起时，会称丈夫为"我们家的'老掌柜'"。

2019年10月19日，路环（女，榆林学院19级化学专业，西安人）采访了刘大爷（68岁，榆阳区镇川镇人，退休教师）。

刘大爷："妻贤夫祸少，子孝父心宽"这句话是太多的人生教训总结来的。妻子与子女，就是一个家庭的后院，也是家庭的重心，后院着火，整个家都会瘫痪。换句话也可以说成"夫贤妻祸少，女孝母心安"。一个家庭，妻子的作用很关键。妻子既是丈夫的配偶，也是孩子的母亲，公婆的儿媳。妻子就像家庭的主轴一样，起着维系家庭关系的核心作用。妻子贤惠，丈夫不仅可以放心家庭，安心于事业，还会受到妻子贤德的良性影响，规范、改善自己的行为，少犯错误。反过来，妻子如果贪图名利财货，或者喜欢吹枕边风、挑拨是非，或娇纵孩子，或不孝敬老人，都会使家庭不安，甚至生出很多祸害。

路环：嗯，您说得太对了。

刘大爷：还不止呢，对孩子的影响是最大的，母亲排第一，父亲排其次。由于母亲怀胎十月生下孩子，孩子跟母亲血脉相连，生下来又是在母亲怀里哺乳养育，这都是父亲没法比的。父亲在外面忙工作，顾不上家庭时，孩子也是跟母亲在一起的时间多。所以，母亲对孩子的成长至关重要。母亲的言谈举止，对孩子起到榜样作用。纵观历史，了不起的人物往往都有一位贤德的母亲，如我们熟知的"孟母三迁""岳母刺字"等。

路环：对，母亲的作用的确对我们的成长至关重要。

刘大爷：当然，父亲的言行举止对孩子的影响也是巨大的。很多问题儿童的背后，常常是家庭问题。所以，身为父母者要不断自我教育，提升修养。耳濡目染对孩子影响更持久、更具说服力，也更深刻，所以为孩子树立一个好榜样，是身为父母者，必须面对的功课。教育先是家庭的责任，不能把教育都推托给学校，更不能推给司机、保姆和社会。孝敬父母、尊敬师长，也是要从家教开始的。一个孝敬父母，尊敬师长的人，对别人也会尊敬和关怀，这是一个社会成员的基本修养。孝敬的关键，是不使父母为自己困扰、烦恼，也就是使父母心安。一个人做到这样，自然不想作奸犯科，自然想管好自己，做一个身心健康、对社会有益的人。你看，很多孝顺体贴的孩子，向父母报告事情时，是"报喜不报忧"，不说使父母徒增烦恼并无济于事的话，自己的问题自己解决。妻贤，夫好；子女孝，父母安。大家都如此，社会自然好。你说对吗？

路环：嗯，对的。

附：

谚语的字面意思无非是妻子不贤惠，就会给丈夫招来祸患；儿子如果不孝顺，就让父亲不省心。引申来说，一个家里，只要有一个人品行不好，就随时有败家的可能。

《论语·学而》载：

其为人也孝悌，而好犯上者，鲜矣；不好犯上，而好作乱者，未之有也。

一个孝悌的人，为了让父母省心，就不会做忤逆的事。

一个孝悌的人，为了让父母老有所养，就不可能以身犯险。

一个孝悌的人，不会犯上，不会作乱。

《围炉夜话》也很好地阐释了这层意思："守身不敢妄为，恐贻羞于父母；创业还须深虑，恐贻害于子孙。"

第四章　和谐：讲信修睦、亲仁善邻

五、穷要本分，富要谦让

陕北人常说，穷又穷不死，也就是穷并不可怕。虽然物质上有穷富之分，但实际来说，穷和富更像是两种生活心态，人们应该以平常心待之，以平常心生活。

访谈 1：

2020 年 12 月 21 日，杜荣荣（女，榆林学院中文系 20 级本科 2 班，佳县人），在榆林文化馆附近的一家饺子馆里，采访了一名顾客孙叔叔（55 岁，佳县人，农民）。

杜荣荣：叔叔，您听过"穷要本分，富要谦让"这条谚语吗？

孙叔叔：嗯，听过，老人讲过。

杜荣荣：那您对这条谚语是怎么理解的？

孙叔叔：穷也要有志气，要自力更生。

杜荣荣：那"富要谦让"您是怎样理解的？

孙叔叔：富了，有钱了，就往出送，你开个公司，让穷人来打工，让人家挣钱。

杜荣荣：那你能举一些您身边人或自己的例子吗？

孙叔叔：没有例子，我自己就是穷人出身。

杜荣荣：那您认为这条谚语在当下有什么意义？

孙叔叔：有意义，在当下激励我要自力更生，好好奋斗。

杜荣荣：您有多久没有听到这条谚语了？

孙叔叔：这一直在我脑子里刻着。

访谈 2：

2021 年 1 月 6 日，王露茜（女，榆林学院中文系 20 级本科 2 班，宝鸡人）采访了韩老师（女，小学老师 47 岁）。

王露茜：阿姨，您听说过"穷要本分，富要谦让"这句谚语吗？

韩老师：听过一点，但是也不完全和这个一模一样。

陕北民谚访谈录

王露茜：嗯，那您能说一下您对这条谚语是怎么理解的吗？

韩老师：按我的理解就是人穷不能穷志气，虽然穷，咱们也要本本分分的，按照这个社会的规则来，不敢乱搞，咱们要通过劳动，通过知识来改变自己的命运或者赚取一定额度的钱。富要谦让，就是有钱人，你也要对世界报以谦让的态度，不能太猖狂，任何人也不看在眼里，也不能挥霍无度。

王露茜：您能举一下自己或者身边人的例子吗？

韩老师：关于穷要本分，就像我兄弟，他从小不超毛（指不干正经事，不成大器），也就是不自信，老想要过富人的生活。他现在经历了才终于明白，穷也要靠本分赚钱。不过令人欣慰的是，他已经走上正途了，不再幻想了。

然后关于富要谦让，这个太有说头了。榆林这儿煤多，煤老板是一个接一个。有的富人整天虚幻得不行，最后妻离子散，负债累累。所以，不管是富还是穷，都要本本分分，尤其是在这个时代。

王露茜：那您觉得这句话现在还有意义吗？

韩老师：嗯，在当下也有。

王露茜：那您有多久没有听到这条谚语了？

韩老师：这句话从小我妈就告诉了我，告诫我，不管是穷人还是富人，都要珍惜手里赚的每一分每一角，要知道勤俭节约。

附：

"穷要本分，富要谦让"与孔子"贫而乐，富而好礼"的旨义相近。

六、男人是个耙耙，女人是个匣匣，不怕耙耙没齿儿，就怕匣匣没底儿

耙耙是农民耕作的工具，匣匣是一种不大的盒子，可以存钱，也可以放些零碎东西。

《易经·系辞》载：伏羲"仰则观象于天，俯则观法于地，观鸟兽之文与地之宜，近取诸身，远取诸物，始作八卦，以通神明之德，以类万物之情"。

谚语又何尝不是如此！"远取诸物，近取诸身"，用老百姓身边之物，道老百姓平常之理。

访谈1：

2019年10月，田紫薇（女，榆林学院19级化学专业，西安市周至人）采访了刘先生（朴实的陕北农民，文化程度不高，从小于陕北耳濡目染了解了许多民间谚语，并知晓其意，现居住于榆林市榆阳区）。

附（刘先生）：

俗话说，男人是个耙耙，女人是个匣匣。要会挣钱，也要会攒钱。虽然谚语说男人挣钱，女人管钱，但是你们现在不管男女都要会挣钱会攒钱，这样才能把日子过得红红火火的。

访谈2：

2020年12月18日，杨路超（男，榆林学院中文系20级新闻学专业，宝鸡扶风人）采访了一位年轻人。

杨路超：大哥，你好！我是榆林学院新闻学专业的一名学生，我正在做一个有关咱陕北谚语的采访活动，可以耽误你一会儿时间来配合我吗？

大哥：可以，当然可以！作为一个地地道道的陕北人，我自认为对陕北谚语的了解还是十分多的。问吧！我将会知无不言、言无不尽。

杨路超：谢谢！感谢你的配合。对于"男人是个耙耙，女人是个匣匣。不怕耙耙没齿儿，就怕匣匣没底儿"这句谚语的意思和深层含义，你能给我仔细讲讲吗？

陕北民谚访谈录

大哥：耙耙是一种劳动工具，是用来将东西聚集在一起的工具，耙子形容男人是赚钱的人。古往今来，男人都是一个家庭中最重要的劳动力，也是重要的经济来源。男人就需要在外面努力赚钱养家，所以说"男人是个耙耙"，一点儿也没有错。

杨路超：原来如此！那为什么说"女人是个匣匣"呢？

大哥：匣子就是用来装东西的工具，相较于男人是个耙子在外面赚钱，女人在家中就好像一个匣子，是管钱的。

杨路超：那后面还有一句"不怕耙耙齿儿少，只怕匣匣没底儿"，这怎么理解呢？

大哥："耙耙齿儿少"，说的就是男人挣钱能力差。"匣匣没有底"，说的就是装钱的匣子没有底。而"不怕耙耙齿少，就怕匣匣没底"，意思就是不怕男人挣得少，就怕女人把丈夫挣来的钱拿出去挥霍。

杨路超：明白了！也就是说，一个家庭能不能过上好日子，不仅和男主人挣钱多少有关系，还和女主人是否持家有道有很大关系。不然，就算男人赚很多钱，迟早也会败光。

大哥：对！这句谚语阐述了对于生活的精打细算的重要性。让世人明白，"吃不穷，穿不穷，不会算计就会穷"的深刻道理。

杨路超：好！谢谢你大哥，你的配合不仅让我完成了我的任务而且还给我上了一课。陕北文化真是博大精深啊！

大哥：没关系！我这不仅仅是在帮你，还是在宣传我们陕北文化。

访谈3：

2020年12月26日，杨路超又访谈了一位大爷。

杨路超：爷爷，您好！一看您就是一个知识渊博的人，想必对于咱陕北民谚的了解一定十分丰富吧。我是咱榆林学院新闻专业的一名学生，现在有一个活动需要采集一下陕北民谚语的内涵和其背后所蕴含的人生哲理。请问您有时间来配合我完成这个调查吗？

大爷：小伙子，你这可算是找对人了。我给你慢慢道来，让你真真正正

第四章　和谐：讲信修睦、亲仁善邻

了解陕北民谚的独特魅力，开开眼，长长见识！有什么想问的就问吧！老头子我肯定将我所知道的告诉你。

杨路超：爷爷，您对于"男人是个耙耙，女人是个匣匣。不怕耙耙没齿儿，就怕匣匣没底儿"这句陕北民谚肯定是了解甚多，您能给我讲讲它的意义和背后的人生哲理吗？

大爷：你看"男人是个耙耙，女人是个匣匣。不怕耙耙没齿儿，就怕匣匣没底儿"，听起来非常有趣，跟绕口令似的。其实这跟劳动人民有着不可分割的联系，劳动人民太有智慧了！耙耙是一种农具，农民使用它在农田中划拉，东西由远而近，收在一起！而匣匣就是盒子，收藏东西用。这么形象的比喻再明白不过了！

杨路超：噢！明白了！真是劳动人民最伟大啊！那这个谚语其中有什么道理？或者是对后辈的启发意义是什么？您能再仔细讲讲吗？

大爷：在咱们中国人的传统观念中，男人赚钱，女人管钱，是固定的。既然男人是搂钱的耙子，女人是装钱的匣子，各有各的分工，各自做好自己分内的职务，家庭就会很幸福。但是如果有一方失职了，这样就会给生活带来很多的麻烦。但古人认为女人的失职给家中带来的影响更多一点，所以就有了"不怕耙耙没有齿儿，就怕匣匣没有底儿"的说法。这下半句话才是这句谚语的精华。所以老一辈的人说这句话就是为了告诫人们，男人要懂得在外面赚钱，女人也要懂得存钱，这样才是男女搭配，干活不累，不然光是男人赚钱，女人大手大脚地花钱，那么男人就是累死，家里也富裕不了。反过来，要是男人不懂得出去赚钱，只知道依靠女人在家拼命省钱生活，省着省着，窟窿等着，通常省不下几个钱。所以男人和女人都要担负起自己的责任，这样生活才能越过越好。所以说，小伙子！你以后也要秉持这样的生活态度啊！

杨路超：肯定肯定，谢谢您，爷爷！通过跟您的聊天我对这句谚语有了更深的理解，这可真是"听君一席话，胜读十年书。"

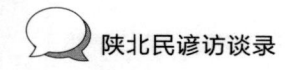

附（杨路超）：

这句陕北谚语有其独特的道理和价值。但我认为现代社会有了新思想，男女平等，女人也能像男人一样拥有属于自己的事业。甚至有时候，女人在某些方面比男人强得多。无论在哪个时代，夫妻双方要相互理解、彼此尊重，这样家庭才能更幸福美满。

第五章　自由：从心所欲不逾矩

第五章　自由：从心所欲不逾矩

自由是指人的意志自由、存在和发展自由，是人类社会的美好向往，也是马克思主义追求的社会价值目标。

卢梭在《社会契约论》中也谈到了自由："人生而自由，却无往不在枷锁之中。"其意在说明自由不是没有限度的。我们不应把自由的对立面看作限制和束缚，而应看到自由是与责任、义务相随的。

本章收录了7条谚语。

（1）"成人不自在，自在不成人"就表达了自由的相对性。

（2）"吃人一碗，服人使唤"，谈的是打工人要听掌柜的，言行上受到了约束。

（3）"吃米强如吃面，投亲不如歇店"，说的是住到亲戚家就"身不由己"，有不方便之处，要想自在，就花钱住旅店。

（4）"知足者常乐"，汇集了儒家"从心所欲不逾矩"、道家"夫唯不争，故天下莫能与之争"、佛家"有求皆苦，无求乃乐"的智慧于一身，内心的知足，才是最大的"自由"。

（5）"借锅容易拔锅难"，谈的是即便自己的东西，一旦落在了别人手里，就由不得人了。刘备借荆州——有借无还，就是这个理。类似的谚语还有"娘有不如自有"。

（6）"活着做遍，死了没怨"，谈的是人一心想着按自己的意愿做事，即便承担后果，也无怨无悔。

（7）"出门三辈低，走遍天下没人欺"，谈的是人出门在外，一不小心就会受人欺，但只要懂得谦卑，能够放低姿态，别人就欺不到你的头上。由此可见，自由往往是从学会约束自己、能够遵守规则、做到与人亲善中获得的。

由此而观，百姓之俗语，亦符合大道之理。

陕北民谚访谈录

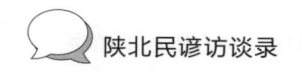

一、成人不自在，自在不成人

康德有过这样的表述："有两种东西，我对它们的思考越是深沉和持久，它们在我心灵中唤起的惊奇和敬畏就越是历久弥新，一个是我们头顶浩瀚灿烂的星空，另一个就是我们心中崇高的道德法则。"[①]人可以追求自由，但更应遵守"道德"。

关于康德所述的这个问题，孔子早就做了很好的表述："吾十有五而志于学，三十而立，四十而不惑，五十而知天命，六十而耳顺，七十而从心所欲，不逾矩。"这个"从心所欲，不逾矩"，说的就是人的"自觉"，人由于长期受到礼俗的熏陶，其任何言行都不会触碰礼法的红线，这才是真正的自由。而要做到此，王阳明指明了一条道路：心中未起歹念，心中不动恶意。

王阳明心学四诀："无善无恶心之体，有善有恶意之动。知善知恶是良知，为善去恶是格物。"

子贡曾与孔子探讨过一个关于"自由"的话题。

"子贡曰：'我不欲人之加诸我也，吾亦欲无加诸人。'子曰：'赐也，非尔所及也。'"（《论语·公冶长》）

子贡说，我不愿他人凌驾我，强加我，违背我意。我也不愿强人所难。孔子告诉他，"这就不是你能做到的事了"。

孔子的言外之意还有"即便换了别人也一样做不到"。

关于"成人不自在，自在不成人"这条谚语，榆林学院2020级的本科生是这样谈的。

20级旅游管理专业1班的马莲山：人若想要有所成就，必须刻苦努力，不可放任自流，有成就的人会常常约束自己。

20级会计学专业的李佳：当你在成功的路上时，就会发现有些事是自己无法决定的，有些想做的事却无法办到。

20级会计学专业的焦海琦：人生而自由，但却一直生活在各种束缚中，未成年时，被父母、学校的规则管束；成人后，被社会、工作的规则管束。

20级会计学专业的甘盈盈：自由自在的似乎只有小孩子。

---

① 康德. 实践理性批判[M]. 韩水法, 译. 北京：商务印书馆, 1999：141.

20级会计学专业的何梅珍：人的成长是一个"不自在"的过程。那些天天逍遥的人，成不了什么气候。

20级会计学专业的杨晨妍：只要活着，就有压力，在这个竞争激烈的时代，你我同是为生活努力奔跑的人。

20级会计学专业的张龙：成年人都在工作、赚钱，没有多余的自由时间。

20级会计学专业的李博：成年人上有父母，下有子女。赡养老人、教育儿女的问题，都要操心。

20级会计学专业的柳青山：一般不成熟的男人，只知道一天天享乐，提前过上所谓自由的生活。

20级旅游管理专业2班的沈家豪：人总会长大，但人在成长中会慢慢丢掉天性，增加社会性。

20级旅游管理专业2班的杨扦：想要成就大事，就要忍常人所不能忍。

20级旅游管理专业2班的王彦权：成年人在如今的社会被生活压得喘不过气来。如果我们在应该努力的时间选择了自在，那么成人便会离我们越来越远。

20级旅游管理专业2班的张颖：成长不是一个愉悦的过程，是发现社会越发复杂的过程。

20级旅游管理专业2班的黄诏：自由自在的生活肯定没有后顾之忧……

20级旅游管理专业1班的张怡：中国自古有"没有规矩不成方圆"的说法，如果真的让我们随心所欲地生活，那与动物又有什么分别？

其他学生：成年人的世界不容易，考虑的东西广，被现实压着。

附（李晓虎）：

2021年11月19日，我约榆林学院19级油气储运工程专业的李德伟同学吃饭。在去榆星广场的路上，我跟他聊了点家常。我说："这几年来，我就忙着买菜、做饭、洗锅、带娃了。书也没多看，书也没写出来。"他就应和道："成人不自在嘛！"

陕北民谚访谈录

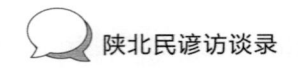

二、吃人一碗，服人使唤

与"吃人一碗，服人使唤"意义接近说法稍异的谚语还有"不端人家碗，不受人家管""吃人嘴软，拿人手短"，表达的都是受制于人的问题。

访谈1：吃人一碗，服人使唤

2019年11月16日，刘源（男，榆林学院19级化学专业，湖南娄底人）采访了赵爷爷，赵爷爷（70余岁，地地道道的陕北人，曾从事陕北文化研究工作。由于研究工作到过不同地区，对不同民谚有着不同的理解，而且对陕北的文化和民俗有着较深的了解，尤其是对民间的谚语可谓是了如指掌，随意点出一个都可以侃侃而谈，现居住在榆林市榆阳区）。

刘源：赵爷爷，"吃人一碗，服人使唤"这句话怎么理解呢？

赵爷爷：哪怕是吃了人家半碗饭，也必须服从人家的指使。得了人家的一点好处，就得为人效力。意思是不能随便吃拿，免得说话办事理不直、气不壮。这是一句告诫人的警语，意思是拿了别人的好处，就要刻意礼让三分。

访谈2：吃人嘴软，拿人手短

2018年7月16日，正逢陕西省榆林市镇川镇黑龙潭庙会，在看大戏的午饭休息阶段，榆林学院大学生三下乡代表团成员刘涛（男，中文系18级本科2班，榆林人），采访了当地前来赶庙会的老人。

刘涛：爷爷，您知道陕北有哪些谚语吗？

爷爷：嗯，让我想想。有了，"吃人嘴软，拿人手短""上梁不正下梁歪"。还有很多，只是你突然问，一时想不起来。

刘涛：那这些都说的是什么意思？

爷爷：这些其实特别容易懂。"吃人嘴软，拿人手短"说的就是你把别人的东西吃了，或者拿了别人的东西，就得给别人办事。这个一般是有求于你的人会给你一些好处，以达到让你帮他或者替他办事的目的，这个忙你必须帮，不可以白吃白拿别人的。既然受了别人的恩惠，自然要有一定的回报。从古到今，老祖先就定了这个道理，一直流传到现在。

三、吃米强如吃面，投亲不如歇店

这条谚语在流传的过程中出现了偏差，有的说是"吃米强如吃面"，有的说是"吃米不如吃面"。

访谈 1：

2019 年 11 月 16 日，梁旭（男，榆林学院 19 级油气储运工程专业，西安人）采访了刘爷爷（73 岁，农民，榆林人）。

梁旭："吃米不如吃面，投亲不如歇店"这句谚语是什么意思？

刘爷爷：这句谚语前半句是从饮食方面告诉人们，人的胃偏酸，米饭是偏酸性，长期吃米饭酸性偏重，会对胃造成较大负担，而面食偏碱性，可以中和胃酸，而且利于消化。后半句不投亲而歇店，是因为陕北人比较本分，没事不会给别人带来没有必要的困扰，住店反而更自在，所以不投亲而住店。

梁旭：我懂了，爷爷，原来是这个意思，这是在教给我们做人的道理呀。

附（李晓虎）：

一代人有一代人的交往方式。一次吃饭的时候，我堂妹就说，我们这代人家庭聚会时，就在饭店吃饭。咱们父母那代人聚会的话，就在家里做着吃。

我深表认同。我父母即便是忙得顾不上做饭，也舍不得去饭店吃碗面，常常是中午一两点，或是晚上八九点才开始弄饭吃。一直以来，遇到节日，妗子们、婶娘们就会叫我到她们家里吃饭，这样才显得亲。至于"投亲不如歇店"这条谚语，在我看来应该是近几十年的事情，老一辈人，就是 20 世纪 40 年代的这代人，他们是愿意投亲，不愿住店的。

2020 年的 9 月，我二妈一家去成都玩，路过西安时，就联系了她的小姑子（我二爸的妹妹），也就是我的姑姑。姑姑一家人请二妈一家人在饭店吃了饭，聚会的照片当时还发到了"李氏一家亲"的微信群里。饭后，我姑姑又安排他们到酒店住宿，这是当下社会很正常的交往礼节。可我二妈就不满意了，说："住宾馆我自己不会掏钱住？我又不是没钱了？我来找你做什么？"在我

陕北民谚访谈录

二妈看来，走亲戚就应该在亲戚家里住，在家里住舒心，还能在一起唠家常。住宾馆，就见外了，就成了外人了，就不亲了。

附2：

在2014年11月19日的榆林日报（都市生活版：《极具哲理的陕北民谚和俗语》，编辑：秦人）上，介绍了谚语"吃米强如吃面，投亲不如歇店"：

这是对出门人的告诫——吃米简单，价位低，而吃面较复杂，和、揉、擀、切、煮程序繁杂，还需要调料，有时还要炒菜，因此价位很高。

出门投亲时，亲戚有的接待不热情，或拒之门外，弄得很扫兴、很尴尬。投亲还要带礼品，礼品还要高档，否则亲戚看不上。再者，住在亲戚家，需小心翼翼，很不自在。而歇店的话，店主欢迎，伙计热情，住下来更是无拘无束，自由自在。

第五章 自由：从心所欲不逾矩

四、知足者常乐

常有人说，幸福是自己内心的感受。不是人们拥有的太少，而是人们想要的太多。一旦达不到内心的期望，就会感到失落与苦闷。做到知足，人们就更易让心灵获得自由。

2019年12月16日，谢田田（女，榆林学院19级化学专业，靖边县人）在榆阳区采访了刘大爷（80岁，陕北人，事业单位退休）。

刘大爷（评议）："知足者常乐"这句话非常容易理解，就是说知道满足的人，他永远都是快乐的。像我现在，我就觉得我很知足，孩子们都成家立业了，不能说都是干什么大事的，但是都有着稳定的工作和收入，也经常回来看望我们。

我本人退休后也很自在，没事就像现在一样，来公园坐一坐，或者打一打牌，国家现在政策也好，退休后工资基本能养老，我觉得过得很舒心，这就够了！

附：

孟子曰：万物皆备于我矣。

快乐并不都是向外追求来的，对于幸福，有些人是"骑上毛驴找毛驴"，梁启超说的"莫负今日"，现代人所说的"活在当下"，都告诉人们快乐就在身边。

颜回给人们树立了很好的典范：

一箪食，一瓢饮，在陋巷，人不堪其忧，回也不改其乐。（出自《论语·雍也》）

孔子告诫人说：

君子有三戒：少之时，血气未定，戒之在色；及其壮也，血气方刚，戒之在斗；及其老也，血气既衰，戒之在得。（出自《论语·季氏》）

不管人之老少，若能合情合理、合乎时宜地对待"得"，就容易做到知足。

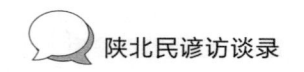

五、借锅容易拔锅难

该谚中的"借"是一个好听的词,本来借了是要还的。但在这里,这个借等同于"拿"。该谚语似乎在提醒人们,有些情况下,借出去的东西就不要想再拿回来。

访谈1:

2021年2月3日,白梦宇(女,榆林学院中文系20级本科1班,佳县人)采访了榆林金榆小区的任叔叔(水果商贩,53岁)。

白梦宇:您有没有听过"借锅容易拔锅难"这条谚语?

任叔叔:嗯,听过。

白梦宇:那您对这条谚语是怎么理解的?

任叔叔:就是说你借给别人东西,他用得很好,不给你,就说等以后再还。所以借东西不能赶上你急用,不然你可能用不上,因为他要用,对不对?

访谈2:

2021年2月3日,白梦宇采访了榆林市金榆小区的两位居民。

白梦宇:您知道咱们有一条谚语叫"借锅容易拔锅难吗"?

叔叔1:那是不知道多少辈子人说下(音 ha)的,不是你说的。

白梦宇:不是,不是,这个肯定不是我说的。

叔叔1:嗯,不知道多少辈人传下来的。

白梦宇:对对对。

叔叔1:借锅容易拔锅难,是说借东西、借钱容易,还钱就难了,你就跟人要不回来。

白梦宇:那您身边有没有这样的例子?

叔叔1:没有。这个谚语早就有了,不知道什么人流传下来的。我们也是常听老人说。

叔叔2:唉,就是以前人说的,借账赶上了,要账赶不上。

第五章　自由：从心所欲不逾矩

叔叔1：就是好朋友、好弟兄也不能闹成那样（借账赶上了，要账赶不上）。

访谈3：

2021年2月3日，白梦宇采访了在佳县供电所工作的李叔叔，他是一名退役军人，50多岁，榆林横山人。李叔叔原本不太懂"借锅容易拔锅难"的意思，白梦宇说大概意思就是你借给别人钱，结果到了还钱的时候，他就不还给你。李叔叔对此深有感慨。

李叔叔：一借钱就成了仇人了，这我有亲身体会。在姊妹在最困难的时期，我都帮助过，借给过她们钱。比如，娃娃念书念不起的时候、盖房子没钱的时候、看病没钱的时候，我都借给过她们钱。可是，最后都成仇人了。我在外面给人贷款，贷的时候说好二分利息，三个月清利（还钱），隔了几年，本都还不上。就是那句话，我借给你钱就等于我成了你的仇人。从我50多年的生活经历看，确确实实这句话没错。

访谈4：

2021年2月3日，白梦宇和李欣芮采访了金榆小区外的李叔叔。李叔叔是一位卖黄花菜和红枣的商贩。

白梦宇：您听过"借锅容易拔锅难"这句话没？

李叔叔：这个听过。

白梦宇：那您是怎么理解的？

李叔叔：这个意思就是你借锅给别人，你再叫人家还给你，人家就不想还给你。

白梦宇：那您身边有没有这样的例子？

李欣芮：就是您跟前有没有这号事？

李叔叔：这号事？没有。

白梦宇：唉，其实这句话我问了一圈，有些叔叔说这句话可以理解成，你借钱给别人，然后让他还的时候就不还了。

陕北民谚访谈录

李叔叔：那我没遇到过，我借给别人钱，人家都顺顺利利地还了，也不需要跟人家要，人家直接就给你还回来了。

访谈 5：

2020 年 12 月 30 日，刘璇（女，榆林学院中文系 20 级本科 3 班，安徽广德县人）采访了姬慧老师（女，38 岁，榆林人）。

刘璇：老师，您好！我是榆林学院汉语言文学专业的学生，想问一下您对陕北的一些谚语有了解吗？

姬慧：有一些了解，从小经常听家人说，并且陕北谚语跟陕北方言也有一定的联系，所以知道一些。

刘璇：那可真是太巧了，您听过"借锅容易拔锅难"这句谚语吗？

姬慧：听过。

刘璇：那您对这句谚语是怎样理解的呢？

姬慧：锅在一个家里本来就是一个比较重要的东西，它关系着我们的日常生活，所以你把一个很重要的东西借给别人是很容易的，但是你想把这个东西再从别人家拔走就特别难了。

刘璇：那您能举一下身边人或者自己的例子吗？

姬慧：我们现在生活里面吧，就像借钱，或者说好朋友把房子借给别人住，但是时间久了，他就不想还给你了，他们借着借着就想长期使用下去。

刘璇：那这条谚语在当下还有意义吗？

姬慧：我觉得还有意义。其实这条谚语的根源说的是一个诚信问题。

刘璇：那您有多久没听过这句谚语了？

姬慧：这个就很久没听过了，我记得我以前听家里人说过，父母说过这个谚语，后来一般不用了。

刘璇：确实很少有人再说这么久远的句子了，您还知道哪些其他有特别意义的谚语吗？

姬慧：嗯，我经常听我婆婆讲一个谚语，讲的是尊老爱幼。"坐下占炕了，站下堵亮了"，意思是，坐在炕上会占着炕的一个位置，这个炕就变小了，站在地下又会把光线给堵住。其实是年龄大的人自己给自己的一个说辞。他们觉得年龄大了，对家里没用了，对社会也没用了，所以这么来自嘲。

刘璇：谢谢老师！

姬慧：嗯，没事。

访谈 6：

与"借锅容易拔锅难"有联系的另一条谚语是"有借有还，再借不难"。

2019年12月，李秋阳（男，榆林学院19级化学专业，榆林人）采访了路人田伯伯（榆阳区白界人，高中毕业，农民，曾担任村委书记多年，60多岁，因病退休与儿子住一起）。

李秋阳："有借有还，再借不难"，想请您谈一下对这条谚语的看法。

田伯伯："有借有还，再借不难"。这句话十分符合现在的社会情况，要知道以前我们借钱还算容易，只要找个保人就行，有时候保人也不用。现在借钱，你就算有保人也没有多少人敢借给你钱，主要是现在社会上的老赖越来越多，人心都凉了。说成这样你就明白了，这句话就是你借别人的东西，到时间一定要还给别人。这样下次你再借什么的时候，容易一点。不然你把你的信用毁了，没有人再敢借给你东西。这句话你记住，诚信是做人的立身之本。

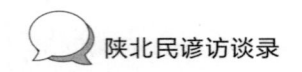

六、活着做遍，死了没怨

该谚内涵丰富，褒贬不一，值得细细玩味。

2021年6月，张越（女，榆林学院20市场，保定人）就"活着做遍，死了没怨"做了六次访谈。

访谈1：

张越在榆阳区人民中路十字路口，采访了卖摊黄儿的阿姨。

阿姨：意思是，我活着，把什么都学会，我学会卖粽子，我学会卖摊黄儿，想做什么都学会。

张越：就是活着的时候要多学？

阿姨：对了，活着都学遍，都做遍，死了无怨。

张越：你知道这条谚语说的是哪个年代的事吗？

阿姨：老一辈传下来的。

张越：你还知道哪些谚语？就是咱榆林，平常老一辈传下来的，类似这样的话。

阿姨：嗯，反正是老人们说的没假。那时说的"十窑九空"，现在达到了吧？都进了城了。

张越：就是，村里人很少了。

阿姨：老家的人很少，都到了城里。

张越：现在发展了，都到城里了。

访谈2：

张越采访了她的父亲。

父亲：听说过，比较早听说过。

张越：你知道大概是什么意思吧？

父亲：一个人活着的时候，把应该做的事都做完了，都做好了，等老了，要死了的时候就不会有遗憾。

张越：你觉得这句谚语说的是哪个年代的事啊？

第五章 自由：从心所欲不逾矩

父亲：大概年代不好说，老人们都这么说。

张越：那你能就这个话举个例子吗？

父亲：这个例子还不好举啊？你没把某个题目做一遍，等到考试的时候，突然有这道题了，你不后悔呀？还有少壮不努力，老大徒伤悲。

张越（插话）：这谚语说的是活着的时候。

父亲：趁着年轻有精力，一定要去做事。

访谈3：

张越在榆林学院校内采访了一名陌生人。

张越："活着做遍，死了没怨"，你听过这句话吗？

先生：没听过，第一次。

张越：那你听到这句话，觉得它是什么意思。

先生：按正面来说的话就是，如果你曾事事用心，成功就不会负你，而且就算失败了，也不会后悔。从另一个层面理解这句话就是，活着做遍想做的事，不计后果，只图一时快乐。我是这么理解的。

张越：你觉得在生活中哪些状况下可以用上这句话，或遇到一些什么事的时候会有感而发。

先生：我不会有感而发，我做事比较理性，知道什么事能做，什么事不能做。"今朝有酒今朝醉，明朝没酒喝凉水"不会发生在我身上。

访谈4：

张越采访了宿舍管理员阿姨。

阿姨：好比有人说我做得不对，我就会回他说，"我就爱做，活着做遍，死了没怨"。

张越：那你觉得这是褒义还是贬义？

阿姨：实际还是不好的，就好像不能做的也做，还爱做。

张越：就是我爱怎么着就怎么着。

阿姨：嗯。

陕北民谚访谈录

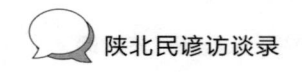

访谈 5：

张越在公园里采访了两位阿姨。

阿姨 1：活着想干什么干什么，爱干什么干什么，不后悔，不留遗憾。

阿姨 2：不要等你病严重的时候才想，我那个时候什么也没干。都干过了，就没什么遗憾了。

访谈 6：

张越来到学校操场，采访了正在锻炼身体的老师。

张越：想问一下您对"活着做遍，死了没怨"这个谚语的理解。

老师：从正能量方面来说，就是要奋斗，要尝试，不怕失败。但是从另外一个角度来说，就是我想干什么干什么，还自己宽慰自己。

张越：为自己开脱。

老师：我这个人在世上没有白活，我享受了，我为自己活了。这条谚语主要是从负面这个角度讲的。

附 1：

"活着做遍，死了没怨"是一个寓意很广的谚语。

有的人胆小怕事，不敢尝试，会白白错失掉人生的机会。

季文子三思而后行。子闻之，曰："再，斯可矣。"（《论语·公冶长》）

季文子是个遇难思退、当断不断的人，孔子鼓励他有想法就赶紧去做，不可瞻前顾后。

有的人鲁莽，不容易成事，也常坏事。

子路问："闻斯行诸？"子曰："有父兄在，如之何其闻斯行之？"

孔子建议子路遇事要多与人商量。

有的人则是品行问题，敢为非作歹，走歪门邪道。

第五章 自由：从心所欲不逾矩

子曰："见善如不及，见不善如探汤。"(《论语·季氏》)

这才是人生正道。

附2：

人有选择的自由，但不能随心所欲。人有做事的自由，但也不能不计后果。当人老了，会惦念之前的一些遗憾。其中就有想做但不敢做或没去做的事。一般来说，人生还是少点憾事好，即便失败了，做了也比没做强。当然，人们首先要秉承"众善奉行，诸恶莫作"的行事原则。

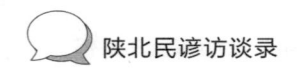

七、出门三辈低，走遍天下没人欺

出门三辈低，指人出门在外，要礼让，要谦卑，这样才容易得到帮助。否则，张扬跋扈会招惹是非。

访谈 1：

2021年1月23日，张梦凡（女，榆林学院中文系20级本科3班，咸阳人）线上采访了赵燕（女，37岁，高中语文教师，延安人）。

张孟凡：赵老师，您好！

赵老师：你好啊！

张孟凡：今天我来是想向您请教几个问题，可以吗？

赵老师：哈哈，都上大学了，还有什么问题要向我请教呢？

张孟凡：我想请问您听没听过"出门三辈低，走遍天下没人欺"这句谚语？

赵老师："出门三辈低，走遍天下没人欺"，这是我们年轻的时候，爸妈常会叮嘱我们的一句话。陕北人话少，许多情况下，在人面前不爱言语。在外人看来，无论男人女人，一年四季衣着经常不变，加上一张永远不变的脸，像出土文物，土得掉渣。如果这样看陕北人，那就错了。其实陕北人对人是很热情的，最大的特点就是敬人。

陕北人敬人先从自己做起。平时出门，对面看见、路上遇见、赶集碰见，抬头一看认识，人还没走到跟前，大老远就喊大爷、二伯、三叔、四婆、五婶、六姨等，很是亲切。

陕北人一旦搭上话，你一句，他一句，嘴就停不下来。吃饭时，陕北人爱手端个大老碗，到家门上吃，碰见熟人会大声喊人吃点饭，见一个问一下，举着碗让一下。另外，走在外面，陕北人会把自己的辈分降得找不见。

陕北人见了男人，叫叔叫爷，胡喊乱叫，张口就来；见了女人，姨呀婆呀，声大嘴甜，叫个没完。就是碰见个年轻人，也大哥呀，小妹呀，心热声脆，咧嘴叫个没停。

张孟凡：哈哈，那您感觉，这条谚语在当下还有没有意义？

赵老师：当然有意义，这都是我们老祖宗留下来的东西，我们老祖宗那么多东西，能留下来的肯定都是精粹！

张孟凡：是呀！这都是需要我们去传承的。老师，谢谢您能够抽出时间，为我上了这么有趣的一课。

赵老师：哈哈，太客气了。

访谈 2：

2020 年 12 月 27 日，张麦佳（女，榆林学院 20 级秘书专业，西安人）采访了百货店老板。

百货店老板：出门小三辈，你不管办什么事也好办。你就像我这卖东西的，娃娃们叫"叔叔，叔叔"，多叫两个叔叔，东西也能多给他们点儿。如果来了个根本不把你当回事儿的，10 块 9 毛钱，我一点也不想给他让。

张麦佳：意思就是出门要懂礼貌。

百货店老板：我卖东西，在这儿卖了 10 年了。娃娃进来，有时咱就按进价也给娃娃吃上点。

张麦佳：对对对。

百货店老板：我的想法就这样，肯定与这个有关。

张麦佳：你还有其他理解吗？说什么都可以。

百货店老板：如果有人问："叔叔，东面朝哪里走。"我是很乐意告诉他的。但碰上有的人问："唉，唉，唉，这个老汉，东面朝哪里走？"我就不想理他。

附：

"出门小三辈，走遍天下无人欺"说的就是一个礼貌、礼节，或是为人处事的一个方式问题。

人与人之间的矛盾、争执，也常由一些不打紧的小事引起，如态度不好的问题、看不惯人的问题。

💬 陕北民谚访谈录

　　出门小三辈，就是要让人懂得约束自己，克制自己，放低姿态。我们知道，爷孙才是三辈，就是要把别人当爷爷看，把自己当孙子看，看似是一个人与人的平等问题，而实质上来讲，它关乎别人对你的态度问题。如果给你使个绊子，你就不"自在"了。

第六章　平等：爱无差等，人无贵贱

第六章 平等：爱无差等，人无贵贱

平等指的是在法律面前一律平等，其价值取向是不断实现实质平等。它要求尊重和保障人权，人人依法享有平等参与、平等发展的权利。

从搜集的谚语来看，民间对平等的追求，多是从获得尊重开始的，要人看得起人。这种平等，并不是获得金钱、地位方面的平等，而是人要有人的尊严和面子。

本章收录了7条谚语。

（1）谚语"人敬人高，人灭人低"提到了"敬"。

（2）谚语"儿一份，女一角"，反映了过去"重男轻女""嫁出去的女儿，泼出去的水"的社会观念，也反映了分家产时儿多女少的问题。

（3）谚语"没老人的夸孝敬，没娃娃的夸干净"，说的是各家各户的情况不一样，不能一样对待。而且，看问题不能只看表面，只看一面。

（4）谚语"狗肉不上抬杆秤"，跟老百姓常说的"给脸不要脸""不识抬举"的意思接近。

（5）谚语"你看人八尺，人看你一丈"，说的是尊重人的问题。

（6）谚语"目中无人，百事不成"，仍然谈的是尊重人的问题。没人帮，没人扶，孤家寡人，光杆司令，是成不了大事的。

（7）谚语"事不要办得太绝，话不能说得太损"，说的是凡事得留有余地。

陕北民谚访谈录

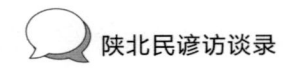

一、人敬人高，人灭人低

2022年11月3日晚上，李晓虎电话采访了康林生（男，1961年生，高家堡镇人）。

李晓虎："人敬人高，人灭人低"，这句谚语人们一般说不说？

康林生：一般老百姓也说，这个通俗易懂。

李晓虎：这句话是不是说，一般不要说对方的不好？

康林生：尽量不要贬低对方。三人行，必有我师。每个人都有他的长处。知人善任的人，能把每个人安排在合适的岗位上；不会用人的人，会限制人的价值的发挥。

2021年6月，在大学语文课堂上，广大学生就此谚语发表了看法。

20级资源专业的候利娜：当你不尊重他人的时候，遇到教养好的，当时不说什么，但心里对你的印象会一落千丈。如果遇到脾气不好的，可能会产生冲突。

20级资源专业的李玉娟：有些人就是"我不好，也见不得你好"，会对人进行诋毁、嫉妒、拆台、鄙视。希望别人好是一种修养，见不得别人比自己强是一种病态。

20级资源专业的康紫艳：别人都敬重你的时候，你自己也会有自尊自重的感受，别人都看不起你的话，你也会把自己看得很低。一个从小没有受到称赞，一直被否定的孩子，长大后也没有自信，总是觉得自己什么事也干不好。

20级商务英语专业的卜祝幸：如果你事事诋毁别人，别人也不会对你有好感，甚至厌恶你，这样，不知不觉中，你在别人心中就没有什么地位了。尊重是相互的，切勿做损人不利己的事。

20级商务英语专业的闫柯柯：人在工作、生活和交往中，要相互尊重，相互欣赏，相互支持。

20级商务英语专业李娟：贬低别人、不尊重他人的人，也是品质低下的人。

有学生讲，如果一个人总在诋毁别人，那么也会显得自己很低俗，还会被人看不起。

附（李晓虎）：

陈子禽奉承子贡，说孔子不及子贡。子贡立即批评了他，子贡说："君子一言以为知，一言以为不知，言不可不慎也。"对于孔子的智慧，子贡是这样评价的："夫子之不可及也，犹天之不可阶而升也。"

言过其实的夸赞反而会使受褒奖的人反感。又有叔孙武叔诋毁孔子，子贡又批评他"多见其不知量也"，也即不知自量、自不量力。这次，子贡是这样评价他的老师的："他人之贤者，丘陵也，犹可逾也；仲尼，日月也，无得而逾焉。"

"人敬人高，人灭人低"，说的是人心。人敬人高，是源于人心之善，君子助人为乐，君子成人之美。人灭人低，是源于人心之恶，嫉妒、攀比、造谣、毁伤，实在是损人不利己。

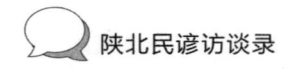

二、儿一份，女一角

"儿一份，女一角"载于《高家堡镇志》（陕西人民出版社，第497页，2016.9），该书载：

旧时平常人家多在儿子婚后分家另过生活。一般在数个儿子均结婚后再分家。但一般不析产。析产要在父母去世后，在家族长者主持下进行。如父母在世时析产，则多是因家庭发生较大矛盾，常为世人所讥。过去发生遗产继承时，长子可分配较好份额。女儿不享有继承权。少数富裕家庭给女儿分配极少遗产，谓之"儿一份，女一角"。随着时代进步，重男轻女的传统观念已被摒弃。

2020年4月，姬波（男，39岁，榆林人，陕西地方电力公司职工）在延安市延川县文安驿镇禹居村，采访了同事李柱成（延安子长人，善于观察生活，收集一些地方生活谚语），他们讨论闺女、女婿的问题时，谈到了分家的问题。

姬波：随着现代社会的发展，人们关于家产分配的观念好像发生了变化。

李柱成：你说得对。听没听过儿一千、女八百的说法？在过去的年代，特别是农村一般是不会给闺女分家产的（即便有，也是象征意义的物件），因为如果老人分给闺女哪怕是一小部分，都会造成兄妹或姐弟两家人的不合，不管闺女有多孝顺。只不过近些年由于社会经济实力的提高，人们的观念发生了变化，女性赡养老人的能力随着自身经济能力和家庭地位的提高也变得越来越强。比如：经常到父母家嘘寒问暖；父母身体有恙时，细心照料；甚至当父母生活拮据时，慷慨奉献。因此，涉及老人财产分割问题时，子女之间不再剑拔弩张。

姬波：我认为，谚语其实就是那个时代人们生活状况的缩影。

附：

刘欢欢（女，榆林学院中文系19级本科1班，延安市宜川县人）写了一篇《陕北人的孝道》的文章，也谈到了这个问题。

第六章 平等：爱无差等，人无贵贱

在传统观念里，"嫁出去的女儿泼出去的水"，养女儿是为别家养，出嫁之后终归是在夫家生儿育女，重心会慢慢偏向夫家。因此就有"三个桃花女不如一个跻脚儿"说法。女儿要嫁出去，算是半个外人，在经济上无义务给父母支持，一般是出力不出钱。在传统观念里，女儿也不可以经常回娘家，这是会被人笑话的。所以女儿要嫁出去，算是半个外人。

从分家来说，儿子一人一份，没女儿的份。后来，随着经济发展和社会进步就出现谚语——"儿一份，女一角"。分家也给女儿一点儿，但这仍然不普遍。

附（李晓虎）：

我爷爷有六个儿子，两个女儿。这可以反映过去一个家庭里，儿女比较多的现象。

在国家实行计划生育时期，我同辈人里，父母有公职的，多是独生子女。父母在农村或是做生意的，一般就会有两三个兄弟姊妹。那么，对于独生子女来说，就不存在分家产的问题。但对于多子女的家庭，就存在分家产的问题，分多分少是不好一概而论的。

还存在另一种状况，父母虽有两个儿子，但家产也不会均分。为什么呢？父母还会给自己的孙子留一份。也就是说，儿子有儿的分得多，儿子无儿的分得少。换言之，能分到多少家产，还会受到第三代人的影响。在榆林来说，一套房子也值二三百万，给谁不给谁，差别挺大的。

父母的这种做法，不是存心要给两个儿子制造出点矛盾，但多多少少有"儿子有儿儿是儿，儿子无儿儿也不儿"的传统落后意识。

一直以来，女儿一般也要比儿子贴心，与父母走得比较近，过去不给女儿分家产，主要是贫穷所致。随着社会发展进步，"儿女都一样"的思想逐渐深入人心。

陕北民谚访谈录

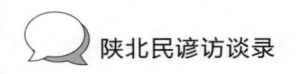

三、没老人的夸孝敬，没娃娃的夸干净

该谚语说的是，"孝敬"和"干净"是人的主观追求，但有时也会受到"客观"因素的约束。

2020年2月，白悦（女，榆林学院中文系19级本科1班，神木人）在神木市采访了折奶奶（神木人，58岁，退休）。

白悦：折奶奶，不知道您有没有听过"没老人的夸孝敬，没娃娃的夸干净"这句民谚呢？

折奶奶：这种现象非常常见。农村也有一些人闲着没事，就爱说家长里短。没有孩子的夸自己干净，没有老人的夸自己孝敬。因为这些人没有亲身经历这些事，所以就爱夸自己。如果他们经历过这样的事情，绝对不会说出这样的风凉话。

2021年6月，在大学语文课堂上，学生谈了他们的理解和认识。

20级市场营销专业的杨佳佳：家里老人不在世，才敢在外面自诩有多孝顺，但外人无法求证是真是假。家里没有娃娃一身轻，才把自己收拾得干净、整洁。

20级市场营销专业的张楠：我们村里有一个老太太，她精神不太好，有时行为会不受控制。她有一个儿子、一个女儿，都已成家。他们基本不回来看望老太太，不管不顾。最后，老太太不知什么原因去世了，村里人说她的家里只有一些捡回去的东西，除此以外什么都没有。

20级市场营销专业的张艺萱：如果自己不与父母住在一起，那么矛盾就会很少，在外人看来就是一个孝敬的人。如果一个家里有小孩，小孩的玩具、衣服、吃的都会布满整个房间，让房间显得杂乱无章。但是没有孩子的人，自然就不会存在这些问题。

20级市场营销专业的邵子贞：不跟老人一起住，家里矛盾就少，以后看望父母时，双方也都比较客气，距离产生美。对待许久不见的父母通常会更孝敬。

20级英语专业3班的朱琪宇：家里面一旦有了孩子，孩子就会闹腾，让家中变乱，让父母无心收拾自己。我们不能随意评论别人家是否干净，或断定一个人是否孝顺。一个家中有孩子，就代表了希望，而家中有老人，也应该好好孝顺。

20级英语专业3班的张笑笑：家里有老人的，与老人同住的，总有一天会同老人闹矛盾，会起冲突，会惹老人生气，会受到老人指责。没有孩子的，出行方便、利索，不用收拾娃娃的衣服，不用操心娃娃吃饭，不用担心娃娃的尿不湿，一天只顾操心自己，时间花在收拾自己上，自然干净利索。

20级英语专业3班的白怡：孝敬父母是一种义务，在现代社会，年轻人的思想、工作、爱情等，与老年人的观念不合，虽是一家人，但很可能不生活在一起。

20级英语专业3班的王俊琪：站着说话不腰疼，空口说话不要本，分析事物，不能脱离现实。

20级英语专业3班的刘静怡：没有经历过有小孩和有老人的处境，想当然以为自己爱干净、会孝敬，只有亲身经历了，才知道要做到是要下一番功夫的。人常说，说着容易做到难。

20级英语专业3班的李泽玺：人们总是会看到别人拥有的，但自己没有的东西，也容易以自己有的而别人没有的做比较，来寻求自我的内心平衡。

20级英语专业3班的鲁文杰：久病卧床甚至不能自理的老人，遇上直脾气的外向型子女，其子女就容易被扣上不孝的帽子。小孩子的自理能力特别差，父母养育孩子不容易，忙于照顾孩子，就可能无暇顾及家务，就会被人说三道四。

20级英语专业3班的周博：这是一种站着说话不腰疼的道德绑架。自己没有亲身经历困难，所以说出的话很轻松。不能随意耻笑他人，通过贬低他人来抬高自己。人与人要互相理解，换位思考。

20级商务英语专业的刘俊彤：凡事不应该站在自己的立场去评价别人……

20级资源专业的张庆飞：有些事看着简单做着难，不要高估自己，也不要低估一件小事。

20级资源专业的侯利娜：家里有父母的话，在生活上总有一些事情，不能事事顺着父母的心，自己的家庭与父母之间肯定会有一些矛盾……现实生活中，父母最不疼爱的孩子总是在父母生病时陪伴着他们。

附：

父母与儿女之间是一种伦理关系。不论是非曲直，只说应不应该。但抛开这层"伦理"关系，人与人之间是平等的，"权利"和"义务"是相对的。

比方说，儒家主张臣子和百姓可以推翻暴君，但对于父母，儿女要无条件服从。

儒家追求的孝道，最基本的是赡养，养老送终。

在老百姓日常的生活里，家家有本难念的经，老人与儿女之间的意见分歧及琐碎问题是存在的，是不可避免的，但一般也不将事态扩大化，要大事化小，小事化了，一家人团圆和睦就是一个好家庭，这也是所谓的家和万事兴。

若从人的情绪来说，人的喜怒哀乐还受到很多事情的影响，也时常会迁怒于人。人的情绪是主观的，而人伦问题却是理性的，这也是为什么人的情感在一些情况下战胜了理智。

四、狗肉不上抬杆秤

与狗相关的谚语很多，如"咬人的狗不叫""猫养的狗不亲""好汉问酒，赖汉问狗""挂羊头，卖狗肉""人暖腿，狗暖嘴""爱跟英雄战，不跟狗熊斗""子不嫌母丑，狗不嫌家贫""狗眼看人低""狗咬讨吃的"等。

访谈1：

2020年1月，李新月（女，榆林学院中19本1，子洲县人）采访了婶婶李秀珍（68岁，榆林市子洲县人，身体抱恙，热心肠，当了一辈子的农民，对陕北文化有较深的了解）。

附（李婶婶）：

农村一般不这样说，都说"狗肉上不了席"或者是"狗肉上不了桌"。祖祖辈辈流传了许多说法，但常说的有三种。一个就是说以前狗好吃屎，不管有没有吃饱，都要舔几下。人常说那是贱骨头，没德行，所以上不了席。另外一个就是有些地方，谁要走了就请庄里的人吃顿饭，席上就要有狗肉。人都不喜散，也就希望狗肉不上席，但现在农村基本没有散伙饭这一说了。还有一个就是因为狗比较忠诚，常帮人看门，人就不想它成为一道菜。

咱们陕北人性子比较直，最看不惯那种不识抬举的人。这条谚语也给咱们一个忠告，不要不懂得人家对自己的好，不要烂泥扶不上墙。

访谈2：

2021年5月29日，李晓虎微信语音问了同学段波（男，40岁，高家堡镇人）。据他讲，他们一般在喝酒的时候，遇到不喝酒的人就会说，"你狗肉不上抬杆秤"，意思是给你敬酒，你不喝，会伤敬酒人的面子。旁边再有人帮腔几句，他也就一口干了。

在席上，遇到主人敬酒时，客人要站起来，说"我吃药着呢，不能喝酒"，或说"我开车着呢，不能喝酒"。但紧接着又会说，"我端一下"，之后再把酒杯放回。

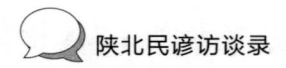

但说"狗肉不上抬秆称",也仅限于关系好的朋友说,是一句玩笑话,不能过于认真。否则,就会伤和气。

访谈3:

2020年秋,李晓虎在张晓林家畅谈到深夜,他谈起有人请他吃饭,他两次都拒绝了,第三次又拒绝时,就挨了一顿臭骂,骂的核心内容就是他"狗肉不上抬杆秤",他不识抬举,他不知道自己有多大面子,他忘本。骂得不难听,骂得又在理。他还得一面赔笑,一面挨批。这也是陕北人真性情的写照。

关于三次拒绝吃饭的原因,主要是他的这个亲戚酒风不好,他怕喝了酒出事,就不敢和他们喝酒,也不想喝酒。

说到最后,陕北人说起"狗肉不上抬杆秤",就多半与酒有瓜葛。

五、你看人八尺，人看你一丈

与该谚语旨义相近的谚语还有"朋友对我九十九，我对朋友一百一"，阐明了谦让、互敬之义。

访谈 1：

2021 年 6 月 1 日，张静（女，榆林学院 20 级会计学专业，渭南人）采访了苗师兄（21 岁，榆林学院学生）。

张静：你好，我可以采访你几个问题吗？

苗师兄：可以。

张静：请问你听过"你看人八尺，人看你一丈"这句谚语吗？

苗师兄：呃，听过听过。

张静：可以谈一下你对这个谚语的理解吗？

苗师兄：就是你尊重别人，别人也会更加地尊重你。你对人家好，人家同样也会对你好，或者是更好。就跟咱们说的那个"人敬我一尺，我敬人一丈"一样。这个世界所有的关系都是相互的，没有平白无故的好，也没有无缘无故的坏。

张静：你觉得这句谚语在当下还有没有意义？

苗师兄：肯定有，这句谚语就是让人与人相互尊重。

访谈 2：

2021 年 7 月 1 日，张静采访了王阿姨（53 岁，江西人，目前生活在榆林，职业：图书管理员、裁缝）。

张静：您好，可以采访您一个问题吗？

王阿姨：可以。

张静：您听过"你看人八尺，人看你一丈"这句谚语吗？

王阿姨：听过呀！

张静：可以谈一下您对这个谚语的理解吗？

王阿姨：就是人和人相处要相互尊重，你对人家好，人家也会加倍回

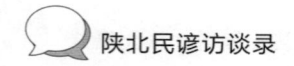

报你。你对人家不好的话,人家肯定也不会对你太好,毕竟感情都是相互的……

张静:那您可以举个例子吗?就是您自己或者身边人的例子。

王阿姨:那我就举个我自己和同事的例子吧。我和一个同事关系特别好,因为我对她很好,她也对我好,就是这样才能长久一点,毕竟人和人之间就是要相互尊重、相互真诚。

访谈 3:

2021 年 7 月 2 日,张静打电话采访了她的奶奶(渭南人,63 岁)。

张静:奶奶,你听过"你看人八尺,人看你一丈"吗?

奶奶:听过。

张静:可以具体谈一下吗?

奶奶:这就是咱经常说的,要尊重任何人,不论职业高低,不论经济状况,都要用你自己真诚的心对待人家,不要对人家有偏见,更不要戴着有色眼镜看人。虽说人无完人,但是你要用一百分的真心对人家,人家也会好好对你,这样两个人的感情才会越来越好。

张静:好的,我知道了。

奶奶:在这个社会上,人心虽然很复杂,但都要以礼相待,要好好相处,互相尊重。

访谈 4:

2021 年 6 月 28 日,薛圆(女,榆林学院 20 英 3,渭南人)采访了一名小学老师(女,30 岁左右,榆林人)。

薛圆:您好!您听过"朋友对我九十九,我对朋友一百一"这条谚语吗?

李老师:这个谚语,听老一辈的人说过。

薛圆:那您对这条谚语是怎样理解的呢?

李老师:我们每个人都有朋友,然后大家相互交往的时候呢,如果人家对你好,什么事都比较照顾你,那么你对人家就应该更好一点,比人家对你还要好一点儿，因为不是每个人都有义务对你好的，人家对你好是情谊，所以你要还人家这份情谊，就要对人家更好。

薛圆：好的，那您能举个例子吗？

李老师：就像两个人在一起相处着呢，可能你急需要钱，但问了好多人都不借给你，你好朋友二话不说就借给你了，那人家处事就非常好，所以下次他有什么事情需要帮助的时候，你也应该第一时间主动帮忙。

薛圆：谢谢阿姨。

附1（张静）：

人与人都是相互的，要想得到别人的尊重，必须先尊重别人。人心换人心，四两换半斤。

人，别看辉煌时谁敬的酒，只看落难时剩下的友。关键时刻在你身边的朋友，才是真正的朋友！

附2（李晓虎）：

礼的核心是敬，由于懂礼、知敬，人与人之间才有了朋友关系，也才会互帮互助。由帮助朋友，推及帮助身边的人，推及帮助陌生人，这是善举，也是义举。

人人愿意做个"顺水人情"的人，人人愿意做个"举手之劳"的人，人人愿意做个"雪中送炭"的人。那么，人们就会因互助而互爱。

有恩不报非君子，常怀感恩之心，常有报恩之举。中国人好仁、尚义、向善的礼俗，最终推动中国构建一个和谐的人情社会。

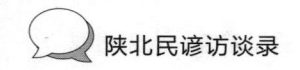

六、目中无人，百事不成

"目中无人"，就是把自己放到了一个很高的位置，放大了自己，看低了别人。

访谈 1：

2021 年 11 月 3 日，郭东钰在定边县采访了她的外婆（蒋彩云，1944 年生，定边县石洞沟乡人，高中文化）。

郭东钰：外婆，采访你几条谚语，行不？

外婆：行行。

郭东钰：第一条叫"目中无人，百事不成"，这是什么意思？

外婆：就是谁都看不起，什么也做不成。就是你太骄傲，太自大了。

郭东钰：你们经常用这条谚语不？常说不？

外婆：常用。

郭东钰：你上次用这条谚语是什么时候？

外婆：我就给你说一下啊。最近我想去捡几个瓶子，那儿那个婆姨就不让我过。我就说，这也不是你的地方，你做你的事，我做我的事，也牵累不到你，但她就是不行，我就觉得她目中无人。

访谈 2：

2021 年 6 月，在大学语文课堂上，同学们写下了自己的看法。

20 级会计学专业的何梅珍：你不尊重别人，别人也不尊重你，当你想干一件事的时候，也不会有人帮你。脱离了集体的人也不会干成大事。

20 级会计学专业的李佳：觉得别人不如自己的，或不喜欢他人为人处事的，都可能目中无人。

20 级会计学专业的马腾：一般人不会与这种人共事，没有人帮助的人怎么会成功呢？

20 级会计学专业的唐清清：处于社会中做事是难以脱离身边人的，尤其是重要和重大的事情，这时良好的人际关系尤为重要。

20级旅游管理专业2班的刘加波：每件事都受许多人间接或直接影响，如果一个人目中无人，那么可能是难以成事的。

20级会计学专业的邱国航：有因就有果，不把别人放在眼里，别人也不会把你当回事。而看不起他人，可能与对方不上进、没有斗志，对生活失去信心等有关。

有同学认为，自私自利，只图自己方便，不考虑他人，说话拐弯抹角，不讲重点的人，都容易让人反感。

有同学也列举了不靠谱的人、懒惰的人、爱抱怨的人、喜欢嘲笑他人的人、爱贪小便宜的人、斤斤计较的人、不讲卫生的人，都易招人嫌。

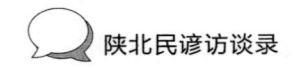

七、事不要办得太绝，话不能说得太损

"良言一句三冬暖，恶语伤人六月寒。"言为心声，言语能温暖人，能鼓励人，能开导人，同样，言语能伤人，言语能杀人。言语能交来朋友，言语能带来仇敌。虽然，有时候说话是出于善意，是实事求是的，但用词不妥，也可能伤害人的感情。说一千，道一万，人是有感情的，在生活中，我们少去"以理压人"，多去"以情感人""以情化人"，也就是说，说话一定要注意对方的心理感受，要体谅对方的感情……

除了"事不要办得太绝，话不能说得太损"外，与之相近的谚语还有很多，如"说话想着说，不要抢着说""吃饭要尝，说话要想""吃饭不让人，吃完肚子疼"。

访谈1：事不要办得太绝，话不能说得太损

2021年元旦假期，李宇航（男，榆林学院20级秘书学专业，神木人），在神木麟州华府小区，采访了保安室张大爷（58岁，神木麻家塔乡人）。

李宇航："事不要办得太绝，话不能说得太损"这句谚语是什么意思？

张大爷：这句话我还没怎么听人说过，不过我知道意思。这句话的意思就是做事和说话都不能太过分了，要给人留余地。

李宇航：哦，也就是常说的"做人留一线，日后好相见"。

张大爷：哎，这话说得对，就是这么个意思，毕竟人这一辈子，做事不可能一帆风顺，所以为人处事方面就要给别人留点余地，给自己留条后路。像"话不能说得太损"这句话就更好懂了，这个就是告诉咱们和人说话要留点口德，毕竟祸从口出，把人说得受不了了，倒霉的就是你了。现在你们这些年轻人，一定要把"事不要办得太绝，话不能说得太损"这句话好好理解一下。

李宇航：嗯，我知道了张大爷，今天就麻烦你了。

张大爷：没事没事，有空来这儿多坐坐。

李宇航：嗯，好，谢谢张大爷，张大爷再见。

第六章 平等：爱无差等，人无贵贱

访谈 2：说话想着说，不要抢着说

2020 年 12 月 27 日傍晚 8 点，曹宇城（男，榆林学院 20 秘书学专业，咸阳人）采访了学院门口烤肉店老板张叔叔（45 岁，榆阳区人）。

曹宇城：老板，您好，我想问一下您是榆林本地人吗？

张老板：我肯定是本地人啊，我都在这儿住了几十年了。

曹宇城：老板，那我能打扰一下您，问您一些你们榆林本地常用的谚语吗？

张老板：谚语？什么是谚语？

曹宇城：就是平常说的方言。

张老板：噢，可以，我对这了解得很，你随便问。

曹宇城：好，那我先问一个，看你知不知道。这个方言就是"说话想着说，不要抢着说"。你看你知道这个谚语是关于什么的不？

张老板：噢，这就是说，说话的时候要想好怎么说，然后再说出来，不要还没有组织好语言就不经过大脑抢着说出来。简单地说就是讲话前想一下说出这句话有什么后果，要想好再说。

曹宇城：老板，那你身边有没有发生过这种事？

张老板：那太多了，我跟你说一个，我们村以前有一个后生，整天招惹这个招惹那个，跟别人说话的时候就不想后果，光胡说。有一回他惹了邻村几个人，他还不知道道歉，说话的时候还是很张扬，最后被那些人打了，打得当时就昏迷了，然后就被送到医院去了。

曹宇城：唉，那也是他活该，平时说话不注意都可以，把人惹了说话还不注意，那就是他自己找不痛快。您说的这件事也让我知道以后跟别人说话要注意自己的态度。不能想说什么就说什么，说话时也要注意别人的心情。

张老板：对着呢，做人做事咱要知道什么话该说，什么话不该说。这也是我们做买卖最重要的一点。

曹宇城：噢，老板我知道了，那我就问这么多，也不打扰您做生意了，谢谢您。

张老板：好，那你们先吃，我去忙了，有什么需要就给我说。

陕北民谚访谈录

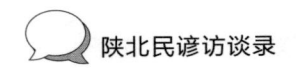

访谈 3：吃饭要尝，说话要想

2020 年 12 月 13 日，罗延芝（女，榆林学院 20 级新闻学专业，安康人）在榆阳区世纪广场采访了周爷爷（吴堡县人，65 岁，退休教师，身体健康，知识文化底蕴深厚，长期居住在榆林市，对陕北民谚文化有很深的了解，性格随和健谈），又在榆林学院南门采访了刘奶奶（榆林本地人，70 岁，农民）。

刚开始寻找采访对象时，和周爷爷一行的有三个人，他们都是在广场附近散步的老年人，我们过去问候并说明来意时，爷爷明显有些不好意思，三个人推来推去，最后选出了老教师周爷爷。

罗延芝：爷爷您好，我是榆林学院的学生，有一些关于陕北民谚的问题想请教您，爷爷请问您贵姓？

周爷爷：免贵姓周。

罗延芝：周爷爷我想请问一下您听过"吃饭要尝，说话要想"这条谚语吗？

周爷爷：听过，听过，这是我们陕北民谚呀，小时候就听父辈讲过。

罗延芝：周爷爷，您能给我讲讲这个谚语的含义吗？

周爷爷：这句话的意思就是，吃饭的时候，你需要先尝一尝再决定吃不吃，别直接大口大口地往嘴里送，这样会出事。

你要记住，"夸奖的话可以脱口而出，诋毁的话要三思而行"，因为你永远不知道，你的一句话可能会对别人造成多么大的伤害。这些都是我的父亲教会我的。损人不利己的话要少说，因为你不是别人，你无法体会这句话可能对别人造成的伤害有多大。大爷今天把这句话送给你，要记得"吃饭要尝，说话要想"。

刘奶奶：吃饭要尝，这不说你也知道，说话要想，就要分情况了。我们那个年代的人大多受教育程度低，吃了没文化的亏，做事情往往比较鲁莽，说话自然也没什么文化，无心之过便是这样来的。

现在好了，因为九年义务教育，基本都是受过教育的娃娃了，但说话也得有个把门，凡事都得三思而后行，想问题不能太浅显，说话也要有分寸。所以，现在这话也一样适用，特别是年轻人，一天莽莽撞撞的，更得记住了。

第六章 平等：爱无差等，人无贵贱

罗延芝：好的，受教了，谢谢您的指导。确实这说话也是门儿艺术，我会记住你们说的话，做个沉稳的青年，凡事三思而后行。

周爷爷：凡事谨记这句话，孩子。

访谈 4：吃饭不让人，吃完肚子疼

罗延芝又采访了周爷爷（同上，退休老师，65 岁，吴堡县人）。

周爷爷：你吃饭的时候，如果正好有人在，你不让别人，吃完后你会肚子疼，这体现的是一种礼让的态度，倒也不至于什么肚子疼，这个肚子疼，其实说的就是你不让别人，就会有人对你指指点点的，有损德行。中国自古以来就是礼仪之邦，讲究尊老爱幼，所以在聚餐时，你得让着长辈和晚辈，先让人，后顾己。

这还有一层含义，那就不太好了，就是对品行不端的人的诅咒，你不讲礼貌，不尊重人，违背伦理道德，就会产生不好的后果，就好比"人在做天在看"，你不把人家放在眼里，人家自然不舒服，所以也可以说是一种诅咒。这就告诉我们凡事你得先想想别人，基本的礼貌必须要有。这个意思我想你们也知道，就跟父母教导你们的餐桌礼仪一样。今天你问的这两句啊，都是对你以后有帮助的东西，要记住啊。

罗延芝：好的，谢谢周爷爷，我会谨记的。

附 1：

喜怒哀乐之未发，谓之中；发而皆中节，谓之和。中也者，天下之大本也；和也者，天下之达道也。致中和，天地位焉，万物育焉。（《中庸》）

作为四书之一的《中庸》是孔子的孙子——子思所作。其核心思想就是"中、和""不偏不倚"。

子思在第一章就明确提出了人的"喜怒哀乐"的问题，要求人对自己的这些情绪进行节制。

谚语中"事做得绝，话说得损"就违背了中庸的思想，是不中庸的。做到中庸，就是要节制，要调和，要平衡。

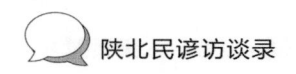

附2：

在谚语"事不要办得太绝，话不能说得太损"中，事情做绝这个绝，就有绝了人家的路，不给对方生存出路的意思，很危险，很可能遭到报复。

人的一生不可能一帆风顺，谁都有三灾六难，甚至陷入绝境的时候，也需要他人帮助。仇人相见，冤家路窄，很可能会栽到他们的手里，结果可想而知。

有同学欺负同学的，但后来这个欺负人的人，在被他欺负的人手下谋生，身份颠倒，个中滋味，只有当事人知道。兔子急了还咬人，不给人家后路，会遭遇反抗、反击，到最后定然是"不利己"的。而一些情况下，做事绝、骂人损的人，一般也并不是好人，不是君子，他也是一时得势，这种人得罪的人越多，离自己遭殃、栽跟头的时候也就不远了。

话说得太损中，损，指损人，一般指言语中伤，老百姓也说类似的谚语，如"不戳人伤疤"。损人，也可能是不留口德，对别人进行人格污辱，让人颜面扫地，大伤自尊。而有时候，一些挨骂的人往往口拙，嘴笨。在无力还口时，他们就可能动粗，靠拳头说话，而人在情绪激动、异常愤怒时，既容易失去理智，也容易出手很重，后果不堪设想。

第七章　公正：持心如衡，以理为平

第七章 公正：持心如衡，以理为平

公正即社会公平和正义，它以人的解放、人的自由平等权利的获得为前提，是国家、社会应然的根本价值理念。

"公道自在人心"，但是在一些时候，由于权力、金钱和人情等因素的存在，就难免出现有失公允的情况。

什么是判断公正与否的尺度？那就是道理和情理，谈公正，要建立在合情合理的基础之上。

本章收录了5条谚语。

（1）"不怕人不敬，就怕己不正"，说的是不能率先垂范的人，难以赢得人的敬重。

（2）"菜无盐不香，话没理无力"，说的是人如果讲一些没道理的话，别人对他就可能不置可否。

（3）"打哭一个，引笑一个"，是老百姓对社会不公正现象的一种调侃或是隐晦的说法。得利的人笑，受害的人哭，难道公正吗？

（4）"会待的待匠人，不会待的待丈人"，反映了一种区别对待或看人下菜碟的现象。

（5）"欺老不欺小"，虽然人们习惯上采取"两害相较取其轻"的做法，但与中华民族"尊老爱幼"的传统美德相违背，谁都有老的那一天。

陕北民谚访谈录

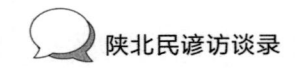

一、不怕人不敬，就怕己不正

2020年2月7日，周垣辰（男，榆林学院中文系20级本科1班，横山人）采访了榆林横山人周叔叔，周叔叔以前是一位村支书，今年41岁，有丰富的阅历，近些年深深扎根乡村，致力带动乡亲脱贫致富。

周垣辰：您听说过"不怕人不敬，就怕己不正"这句话吗？

周叔叔：嗯，听说过，这是流传很久的一句话。

这句话的意思就是，你只要光明磊落，行得端，走得正，就会有人尊重你。也就是"脚正不怕鞋歪"，只要你言行举止正能量，自然会受到尊敬。

听说学校一个退休的校长，以前为学校办了很多好事，现在一回到榆林，人家都感谢他，记得他的好。

二、菜无盐不香，话没理无力

2020年12月28日，吴倩倩（女，榆林学院中文系20级本科2班，江西人）采访了在路边晒太阳的李爷爷（72岁，退休教师）。

吴倩倩：您听说过"菜无盐不香，话没理无力"这句话吗？

李爷爷：哦，知道，说话说不到要害上，你就说服不了人，人就感觉你没有什么道理。所以，说话就要说那些关键的能打动人的话。菜无盐不香，讲做菜必须有盐，有盐那才香呢。干每件事情关键的环节办不到，你这件事情就办不成。

吴倩倩：您能举一两个关于这句话的身边或自己身上发生的例子么？

李爷爷：就是说根据那两句话举例子？这咋说那个例子呢，我现在脑子里面搜索不出，想不来这个东西。

吴倩倩：那您觉得这句谚语现在对于我们的生活还有没有意义？

李爷爷：有，有，可有意义了。

吴倩倩：那有什么意义呢？

李爷爷：就是说，任何事情，无论大事小事，关键环节不能敷衍了事，必须认认真真对待。只要把这些关键的东西抓住了，事情也就成功了一半。

吴倩倩：那您还知道哪些和这个差不多的谚语吗？就是你平时在生活中会用到的那些，就像有些人会说"久病床前无孝子""纸上谈兵，终无大用"之类的话。

李爷爷：谚语很多，"无风不起尘"，说的是没有风尘土就飞扬不起来。"无风不起浪"，就是出现什么事情总是有原因的，而不是无缘无故的。

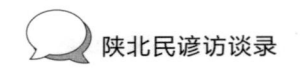

三、打哭一个，引笑一个

该谚语用了白描的手法，含义隐晦，需要用心揣摩。

2021年2月4日，李凤凤（女，榆林学院中文系20级本科1班，商洛人）在延安市延长石油小区，采访了张阿姨（45岁，经营一家门市，延安人）。

李凤凤：阿姨，有一句谚语"打哭一个，引笑一个"，不知道你听过没？

张阿姨：这个我不知道，但听字面意思大概就是把一个打哭了，去逗笑另一个吧。

李凤凤：那我是不是可以理解为，为了逗笑那一个而故意打哭了这个呢？

张阿姨：能行吧，我觉得这让我想到我家巷子里头，以前住的两个小孩在一起经常互相抢东西，家长经常没什么办法，就常说大的让一下小的，最后把大的惹哭了，抢到东西的小孩高兴了。

李凤凤：这个应该还可以引申为社会上的一些不良风气吧？

张阿姨：嗯，也可以这么说。

附1：

"打哭一个，引笑一个"，这条谚语只是描述了一个现象，没有直接对这个现象表态，这也正是老百姓的生活智慧，在这个现象背后，就有很多意味深长的内容。在这条谚语里，有哭的人，有笑的人，还有一个打的人，他们的关系很微妙。

1. 打自己家的孩子，让别人家的孩子笑

在李凤凤同学的谚语访谈中，这个打哭的孩子和引笑的孩子是兄弟俩，都是一个家的，所以就不存在争议。在现实生活中，还有另一种现象，即自己家的孩子欺负了别人家的孩子，别人家的孩子来告状，或是别人家的大人找上门来了，怎么办？聪明的家长一般是打哭自己的孩子，以获得对方的谅解。

即使现在，以上所述也是常见的现象。被欺负的孩子，看到欺负他的孩子挨打了，一口怨气就出了，就笑了，一场风波就平息了。也有自己家的孩子，打了别人家的孩子，别人家的孩子去医院输液了，或包扎了，打人孩子的家长，就赶紧带上自己的孩子去医院，给人家赔礼认错，给人家支付医药费，给被打孩子买些营养品，有了这样的态度，就容易获得对方的谅解。这种现象在现实生活中比较常见，但如果不"打哭一个"，就可能会激化矛盾，从小孩之间的事变成大人之间的事。曾经有过报道，一个班里的两个学生，一个欺负另一个，但由于没引起对方家长的足够重视，最后这个受欺负孩子的家长就出手了。

2. 打与打压

这个"打"，不一定是出手打人的打，可能是打压的打。打压一方，使一方受害，使另一方受益，这就是不公正的现象。

3. 打，会有失公正

在社会公共事务的处理上，多数行使公共权力的人，并不是想去偏袒某一方，但他在处理事情时，如果让坏人得逞了，让好人遭殃了，那么这个坏人就笑了，好人哭了，好人受冤枉了。这时，老百姓就会用到这条谚语——"打哭一个，引笑一个"来表达不满……

对不明情况的人来说，他们虽然弄不清事情的原委曲折，但他们确实看到了"有人哭了，有人笑了"这个现象，那么他们也可以用"打哭一个，引笑一个"这条谚语，来表达旁人的这份猜疑！

所以，从这个角度来讲，这条谚语是带有一定讽刺意味的。

4. 打，并没有化解矛盾

过去，在多子女的家庭中，几个孩子抢一个玩具，抢吃的、喝的，乃至抢电视机的遥控器，家长哄不好几个孩子的话，一般采取大孩让小孩的方式。其实矛盾并未解决，而且这也不是让人满意的解决方法，但人们能想到的调解方式通常不可能让几方都满意。

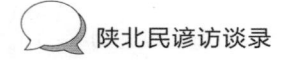

附 2：

在刘绍棠的小说《这个年月》中：

"马驰骋秉承嫂子的旨意，皆大欢喜不差一丝一毫，不能哄笑了一个，打哭了一个，所以，并没有追究吴宝顺。"

在这里，追求的是"皆大欢喜"，不能一个哭，一个笑。所以，让一个笑了就行了，就不去追究另外一个人的过错了，就没让另一个人哭。这是多么智慧的解决问题的方式啊！

附 3：

冉求，生于公元前 522 年，字子有，通称"冉有"，尊称"冉子"。
《春秋·左传·哀公十一年》载：

季孙欲以田赋，使冉有访诸仲尼。仲尼曰："丘不识也。"三发，卒曰："子为国老，待子而行，若之何子之不言也？"仲尼不对。而私于冉有曰："君子之行也，度于礼，施取其厚，事举其中，敛从其薄。如是则以丘亦足矣。若不度于礼，而贪冒无厌，则虽以田赋，将又不足。且子季孙若欲行而法，则周公之典在。若欲苟而行，又何访焉？"弗听。

冉有为季氏家臣，鲁哀公十一年，季氏要增加赋税，就派冉有征求孔子的意见，孔子不予表态，表达了自己的不同意。孔子又私下给冉求讲了他"敛从其薄"的观点。

次年，新的田赋制度实行后，季氏更富了，百姓受损了。孔子十分生气，说要断绝与冉有的师徒关系。这在《论语·先进》篇有记载：

第七章 公正：持心如衡，以理为平

季氏富于周公，而求也为之聚敛而附益之。子曰："非吾徒也，小子鸣鼓而攻之可也。"

冉求为季氏聚敛财富，季氏笑了，百姓哭了。也是"打哭一个，引笑一个"的例子。

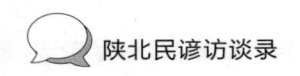

四、会待的待匠人，不会待的待丈人

该谚语存在一定的争议。有的认为是有本事的人侍奉有能力的人，没有本事的人至少可以侍奉丈人。而本篇受访者则谈了另一种情况，那就是存心要把上门的"丈人"招待好，但对请来的"匠人"就一般了。

访谈 1：

2019 年 12 月 18 日，笔者在定边县采访了陈奶奶（陈艳梅，陕蒙交界大海子人，住定边近 60 年，现年 81 岁）。

李晓虎：奶奶，您听过"会待的待匠人……"

奶奶：（我话未说完，就被打断）听过。不会待的待丈人。

李晓虎：为什么这样说呢？

奶奶：你给匠人吃好喝好招待好，匠人就会把你的活儿（木匠活，一般是做桌椅家箱柜具）给做好。丈人，你就认为他是你媳妇的爸爸，是你的亲戚，心里就想着对亲戚好。

李晓虎：不能只是字面意思，要多说点。

奶奶：我没文化，不识字，其他不知道了。反正就是对亲戚好。

访谈 2：

2021 年 10 月，张凡（男，榆林学院 21 级新能源科学与工程专业，神木人）电话采访了白清兰（女，60 岁，清涧人）。

张凡：现在我想采访您一个问题，就是有一句谚语，叫"会待的待匠人，不会待得待丈人"，这句话您有没有听说过？

白清兰：我听过。

张凡：那您知道它什么意思不？

白清兰：我知道。会待的待匠人，就是把匠人待好，他活儿给你干好，匠人待不好，活儿干不好。不会待的待丈人，就是丈人本身就跟你亲，待不好也亲。就这么个意思。

张凡：噢，那我明白了。它是在什么场合使用呢？

白清兰：今儿咱们干什么活儿都要雇人，给人做好饭，让人吃好，人就给咱干好。

张凡：那么这句话您是自己知道的还是听别人说过的？

白清兰：大人常教给我们，匠人要待好，活儿给你干好；匠人待不好，活儿给你做不好。

张凡：就这样，谢谢你，再见。

白清兰：不用谢，应该的。

附：

匠人和丈人，一个是外人，一个是亲人。你若只认亲，不认人，先入为主地定个亲疏远近，就可能顾及不到自己的切身利益。人们用这句谚语来点拨一些"犯糊涂"的人，有一定的教育意义。

我们的待人之道，即便难以做到一视同仁，但也不要有天壤之别——一个青眼，一个白眼；一头热，一头凉。

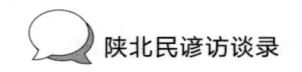

五、欺老不欺小

《增广贤文》中有记载："欺老莫欺小，欺少心不明。"一般人的理解是若欺负了少年，恐以后遭其报复，留下后患。故也有谚语："斩草不除根，终是祸害。"

但谚语终究是劝人向善的。欺负老的就可以了吗？老人也有自己的儿孙，也不是想欺负就欺负得了的。不管怎样，欺负老弱，正义和道德都不容。

2021年6月20日，榆林学院20级会计学专业1班路妮娜（女，陕西铜川人），通过微信采访了朋友、老师和家人。

访谈1：

（采访法学朋友——欺骗，善意的谎言）

路妮娜：你知道"欺老不欺小"这句谚语吗？

朋友：没听说过。

路妮娜：好，那你说说你是怎么理解这句话的？或者你觉得这个"欺"，是欺负别人、欺骗别人，还是有别的意思？

朋友：这个好像都可以解释得过去，但我觉得欺骗吧，这种说法比较可取。咱国家有尊老爱幼的传统，这个社会背景下怎么会是欺负别人的意思呢。

路妮娜：好的，你觉得为什么可以欺骗老人而不能欺骗小孩呢？

朋友：这是二者之间的一个权衡，如果现在家里发生了一件大事，做子女的当然希望家里老人身体健康，老人年龄大了，心理可能承受不住，但小孩就不一样了，他可能现在还小，不懂事，当他长大就会理解的。

附（李晓虎）：

农村很忌讳白发人送黑发人。儿孙们病逝、车祸、溺水、遇害等死亡的，就会隐瞒长辈，有些老人在儿孙去世几个月甚至一两年后才知道。虽是一种欺瞒的行为，但早知道了也于事无补。晚点知道，事已至此，时过境迁，心理上也易于接受。

第七章 公正：持心如衡，以理为平

访谈 2：
（采访高中语文老师——孩子的成长空间无限）

路妮娜：老师，我做个小采访啊。您知道"欺老不欺小"这句话吗？您是怎样理解它的？

任老师：做人要善良，更要关爱晚辈，应该是这个意思吧。

路妮娜：好，那您觉得长辈和晚辈之间是什么关系，为什么更要关爱晚辈？

任老师：老人已经年老，但孩子永远是国家的希望与未来。像遇到一些啃老族的孩子，老人就更愿意去牺牲自己，让子女过得幸福。

访谈 3：
（采访奶奶——欺负，尊老爱幼）

路妮娜：奶奶，你听过"欺老不欺小"这句话吗？

奶奶：旧社会时人说得多，新社会时人说得少了。

路妮娜：好，那你说说这句话什么意思呀？

奶奶：意思就是说，如果在欺负老人和孩子中选择，宁可去欺负上了年纪的人，因为年纪小的人，有你不知道的未来。

路妮娜：你觉得这句话对现在的人还有意义吗？

奶奶：老人年纪大了，保护自己的能力就弱了，而且有些子女不管老人，那些老人无依无靠的，有些人就故意欺负老人，因为知道他们没有能力去反抗。

路妮娜：您觉得为什么不能欺负老年人？

奶奶：人和人都是平等的，老年人原来也是年轻人，不能因为他们年纪大了就欺负他们。等过些年每个人都会变成老年人，所以咱不能因为老年人现在可怜，就欺负他们。

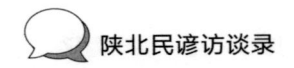

附：

《礼记·大同》载：

人不独亲其亲，不独子其子，使老有所终，壮有所用，幼有所长，鳏寡孤独废疾者皆有所养。

《论语·公冶长》载：

子曰："老者安之，朋友信之，少者怀之。"

《孟子·梁惠王上》载：

老吾老，以及人之老，幼吾幼，以及人之幼。

尊老爱幼是中华民族的传统美德。古代的"乡饮酒礼"，属五礼中的嘉礼，是一种尊老、敬老的宴饮活动。

乡饮酒之礼，六十者坐，五十者立侍，以听政役，所以明尊长也。六十者三豆，七十者四豆，八十者五豆，九十者六豆，所以明养老也。民知尊长养老，而后乃能入孝悌。（"豆"代指盛食物的盘子）

乡饮酒礼在清朝灭亡后才退出了历史舞台，可见我国尊老之风之悠久绵长。

第八章　法治：隆礼至法则国有常

第八章 法治：隆礼至法则国有常

法治是治国理政的基本方式，依法治国是社会主义民主政治的基本要求。它通过法制建设来维护和保障公民的根本利益，是实现自由平等、公平正义的制度保证。

本章收录了3条谚语。

（1）"小窟窿不堵要垮坝，小毛病不改要犯法"，反映了小错不改酿大错的问题。

（2）"父母的恩大，国家的法大"，说的是法不容情，法律高于一切。

（3）"县官不如现管"，说的是"阎王好见，小鬼难缠"，也暴露了基层一些"蝇贪蚁腐"的现象。

总之，人们对法律要有敬畏之心，在生活中做到防微杜渐，不起歹意，不做恶行。

陕北民谚访谈录

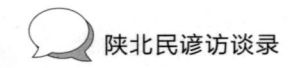

一、小窟窿不堵要垮坝，小毛病不改要犯法

该谚语说的是"千里之堤，溃于蚁穴"（《韩非子·喻老》）的问题，也教育人"勿以恶小而为之，勿以善小而不为"（《三国志·蜀书·先主传》）。总的来说，就是要防微杜渐，不将事态扩大化。与之相应的就是"亡羊补牢，未为晚矣"。

访谈1：

2021年1月3日，余文静（女，榆林学院中文系20级本科2班，榆林人）采访了土生土长的榆林人庞阿姨（46岁，家庭主妇）。

余文静：有一条谚语，叫"小窟窿不堵要垮坝，小毛病不改要犯法"，您听过吗？

庞阿姨：说起这句话，我就想起我爷爷跟我说的话，"一步踏空，十步都撵不上"，他的意思就是，你要是犯一个小错误不改，即使你以后做再多的努力也不顶事，所以说，你如果发现了自己的错，哪怕是很小的错，也要赶紧改，不要等改不了了，才后悔得不行。

余文静：对，就是这样。

庞阿姨：这也和你们学的亡羊补牢差不多，就这么个意思，就是说犯了小错，赶紧改，不要拖拖沓沓，到后面才麻烦得要死，不容易改。

余文静：对，犯了错一定要及时改，不然容易出大错。

庞阿姨：就是这意思，我们老人（指公公或婆婆）对我们女子说，快高考了，要好好学了，学一点会一点，总是有个底。老人们常说，"小时偷针，长大偷金"，大人们可要管好娃娃，小时候拿惯人家的东西，长大了更想拿，而且拿得更大更多，我们村老李家的小子，小时候就爱拿人家的东西，这儿拿个柿子，那儿摘颗枣子，就是不成事，现在大了还是那样，前几年偷钱让逮住了，唉，大人不早早管，娃娃就不干好事。

余文静：这就说明，有啥小毛病，要早早改。

类似的谚语还有"小窟窿不补，大了得尺五"和"小时偷针不教，大时偷金戴镣"。

访谈 2：

2019 年 11 月，齐亚成（男，榆林学院 19 级油气储运工程专业，铜川人）电话采访了韩大伯（韩大伯是齐亚成姐姐的公公，今年 65 岁，清涧人，农民）。

齐亚成：大伯，您好，我想问一下您对一些陕北民谚的理解。

韩大伯：大伯没什么文化，你问吧，我知道的就说了。

齐亚成："小窟窿不补，大了得尺五"，您听过吗？

韩大伯：这个就是说你有什么错就要及时改过，事大了就很难改了。

访谈 3：

2019 年 11 月，榆林学院 19 级油气储运工程专业张浩弛采访了李阿姨（李阿姨是榆林本地人，儿女双全，子女均已成家）。

张浩弛：请问您对"小时偷针不教，大时偷金戴镣"有什么看法？

李阿姨：这是一句我们陕北人常说的谚语，它的意思是对娃娃要从小抓紧管教，小时沾染上小毛病，如果不严加管教，长大就会越来越没眉没眼。

附：

"小窟窿不堵要垮坝，小毛病不改要犯法""小窟窿不补，大了得尺五""小时偷针不教，大时偷金戴镣"，这三条谚语在生活中的例子处处皆是。例如，家长疼爱孩子，孩子犯了错，不及时纠正，想着孩子长大了，自然会懂事了，身上的毛病会在成长过程中涤除掉。但实际情况呢？正应了另一条谚语，即"惯子如杀子"，而正确的做法是"做事要稳，改错要狠"。

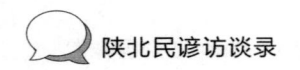

二、父母的恩大，国家的法大

该谚语用了对比的手法来阐明法是不可触犯的。

2021年1月1日，张彤（女，榆林学院中文系20级本科2班，汉中人）采访了惠老师（男，榆林人，小学青年教师）。

张彤：您好！惠老师，我是榆林学院一名汉语言文学专业的大一新生。是这样的，我有一个关于陕北谚语的采访要做，想问一下您对陕北的一些谚语有了解吗？

惠老师：嗯，了解过一些，从小就听家里的长辈说，他们聊天的时候说起过，但我有好多没记住。因为对陕北民谚也有一定兴趣，所以对它的了解也相对深入一点。

张彤：真的吗，那太好了，那我们的采访就顺利多了，我儿这有几个关于陕北民谚的问题想请教您一下。

惠老师：好的好的，没问题，你问吧，我把我所有知道的会尽量告诉你。

张彤：好的，那我们就正式开始了，您知道"父母的恩大，国家的法大"这条谚语吗？

惠老师：嗯，我确实听过这个谚语。这条谚语颇有深意，意思要分开说。"父母的恩大"主要强调一个"孝"字，主要体现的是父母的恩情。你们也都听过百善孝为先，《孝经》中就说过"身体发肤，受之父母，不敢毁伤，孝之始也。立身行道，扬名于后世，以显父母，孝之终也"。还有，最大的恩不过就是生育之恩，最深的情不过是抚养之情。父母的恩大，他们的恩在何处呢？恩是由心而生，源于父母心中那一份血浓于水的怜子之情，那一份比山高、比水深的爱子之意。这使得他们为我们付出了太多太多，而且不图任何的回报。

说到"国家的法大"，其主要强调的就是"法"，即规矩。正所谓"无规矩不成方圆"，一个国家要建立好，必须要有规矩，对人们的行为进行约束，这样才能使社会安稳，使老百姓安居乐业。所以，一个强大的国家通常有强大的法律加以支撑，每个人都要遵法守法。

张彤：那您知道这条谚语是怎么形成的吗？或者说它是与什么事件有关才会产生的？

惠老师：有关这条谚语的形成以及出处，我还真的不太清楚，我上面说的都是我自己的理解，应该是老一辈人生活中得出的经验或者教训吧。谚语都是由老一辈有文化、有知识的人总结出来的，这样更容易传承下去。

张彤：那对于当下新时代而言，您认为这条谚语有什么样的深刻意义或启发呢？

惠老师：肯定是有的，没有意义的话，也不可能流传至今。你说对吧？

张彤：嗯，也对。

惠老师："父母的恩大"现在主要是告诫我们要时刻铭记父母的恩情，要重视"孝"的重要体现，要将中国的传统美德传承下去。

"国家的法大"是要我们在当代行使自身权利的同时，履行法律规定的义务。我们要尊重法律，遵守法律。

张彤：嗯，我明白了。对于这条谚语的理解，就像是小家和大家的关系。小家重的是"恩情"，而大家重的是"法度"；我们既要顾小家，更要顾大家。现如今，二者联系得更加紧密了。

谢谢惠老师能接受我的采访，麻烦你了，让我对条谚语有了更加深入的了解。祝您新的一年身体健康、工作顺利。

惠老师：嗯嗯，不客气，娃娃在新的一年也要努力学习啊。看得出来，你对我们陕北的谚语也是比较喜欢的，希望你继续保持这种热情。

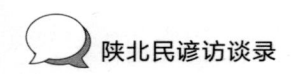

三、县官不如现管

2019年11月，王双媚（女，榆林学院19级油气储运工程专业专业）采访了郭先生（40余岁，职业不详）。

王双媚：您知道"县官不如现管"是什么意思不？

郭先生：这简单得很。意思就是你遇到事情了，找职位高的人有时候都没用，要找就得找那些真正管事的人。碰到问题，找高层领导，不如找直接负责的人更能解决问题。

附：

在路遥《平凡的世界》中，有一段润叶办完事后要回原西县城，公社领导请食堂师傅给她拦辆过路车的描写。

润叶马上对他们说："我一会还要回县城去，你们能不能给我挡个顺车？米家镇到咱们县城的班车已经过去了。"……

徐治功说："哎呀，这过路司机我和白主任认得不多，看来只能让街上食堂的人去挡了。"

……

这时候，徐治功引着石圪节食堂那个胖炉头上了公路。

胖炉头胸有成竹地对三个人说："不怕！不是吹哩，别说让我挡一辆，挡十辆也能挡定哩！这一路上的司机哪个没沾过我的光！"

"这一路上的司机哪个你没沾过光！"徐治功揶揄说。润叶和她爸都被逗笑了。

胖炉头有点不好意思地张开嘴巴哈哈一笑，说："看这徐主任说的……哈哈哈……官骂民，民不羞！"

第八章　法治：隆礼至法则国有常

胖炉头的确不是吹，从米家镇那边过来的第一辆车就被他挡住了。

这是一辆货车。几个人看着润叶坐在了驾驶楼的空位上。

送走润叶后，胖炉头说他忙，也过石圪节那面去了。[1]

---

[1] 路遥. 平凡的世界[M]. 北京：北京十月文艺出版社，2017：88.

第九章 爱国:江山就是人民

第九章　爱国：江山就是人民

爱国是个人对祖国的深厚情感，也是调节个人与祖国关系的准则。它同社会主义紧密结合在一起，要求人们以振兴中华为己任，促进民族团结、维护祖国统一、自觉报效祖国。

每个中国人都有家国情怀。为什么要爱国？国是人民的国，国是大家的家。回顾1840年鸦片战争到1949年这段历史，到中华人民共和国成立，多少屈辱、多少牺牲、多少奋争，才换得今日我国屹立于世界民族之林！

本章收集了6条谚语。

（1）"韩世忠绥德汉，敢拉秦桧问冤案"，说的是南宋名将，榆林市绥德县人韩世忠。他在中国历史上留下了浓墨重彩的一笔，他是陕北人的骄傲。他不顾个人安危得失，为岳飞申冤，那句"莫须有"就是他质问秦桧时说的。

（2）"村看村，户看户，群众看的党支部"，反映了党员干部在老百姓心中的光辉形象。

（3）"吃菜要吃白菜心，当兵要当八路军"，反映了老百姓对八路军的爱戴。

（4）"吃水不忘挖井人，吃饭不忘劳动人"，反映了老百姓过上幸福生活后对共产党的感恩之情。

（5）"千砖万砖砌成墙，互助合作比单干强"，是人民公社时期老百姓生活的一个剪影。

（6）"雁怕离队，人怕离群"，反映了老百姓依靠集体的心情。

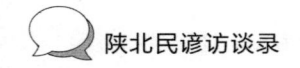

一、韩世忠绥德汉，敢拉秦桧问冤案

2021年10月11日，张丹阳（女，榆林学院中文系19级本科2班，榆林人）在学校采访了她的老师刘云（53岁，绥德人，大学老师，博学多识）。

张丹阳：刘老师，"韩世忠绥德汉，敢拉秦桧问冤案"这句民谚比较生僻，大部分人都不知道。了解到您是绥德人，您可以给我讲一讲这句民谚吗？

刘老师：这个谚语呐，一般人不知道。

张丹阳：嗯，确实。

刘老师：韩世忠是绥德人。绥德出现过两个名人，一个是吕布，一个是韩世忠。

关于韩世忠的传说有很多，从韩世忠的老家到其后来成长的地方，韩世忠有专门的庙，所以，大家还是认可这个民族英雄的。过去，忠君思想的宣传方式主要是说书唱戏，而且大多数民间传说都跟说书唱戏有关联。在民间流传的基础上，人们创造了戏剧，戏剧又会影响老百姓，对吧？

张丹阳：对。

刘老师：岳飞、韩世忠等人英雄事迹中，都有一个忠奸主题，都有宣传劝诫的意思。

由此可知，拉起秦桧问冤案好像还真有其事，岳飞当年是被秦桧以莫须有的罪名陷害的。

张丹阳：嗯，是了。

刘老师：从当时的情况来看，秦桧和当时的君主是一条心，注定要和金兀术搞投降、议和。所以，主战的韩世忠、岳飞就成了被排挤的对象，在这个过程当中，主战派和投降派之间争得很厉害。秦桧当时既是丞相又主管兵权，皇帝给予他很大的权利，即使那样，韩世忠和岳飞私底下还是抗金的。就是表面上退了，一旦躲开追查，又进行抵抗。

最后秦桧剥夺了韩、岳的兵权，把岳飞害死了。岳飞死了以后，秦桧的势力太大，底下人谁都不敢说，只有韩世忠站出来质问秦桧，问他是什么居心。这在老百姓看来就很难得了。

张丹阳：我从书上看到他是抗金名帅，为岳飞申冤，质问秦桧。

刘老师：有过这么个事情，他在老百姓那儿很受推崇。韩世忠一直秉性彪悍，走向战场后又打出了一些名望。现在绥德有一个蕲王庙，就是纪念韩世忠的。

张丹阳：韩世忠为岳飞申冤的话，那他的仕途有没有受到影响？

刘老师：这已经是剥夺兵权以后的事情了，不是掌兵权的时候，即便那种状况下，敢在朝廷里面质问秦桧就很不容易了。

张丹阳：之后就退出了朝堂。

陕北民谚访谈录

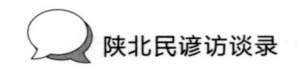

二、村看村，户看户，群众看的党支部

该谚语主要反映了党员干部要在群众当中发挥模范带头作用。

访谈 1：

2019 年 11 月 16 日，梁旭（男，榆林学院 19 级油气储运工程专业，西安人）采访了刘爷爷（73 岁，农民，榆林人）。

梁旭："村看村，户看户，群众看的党支部"，是不是村与村，村民与村民之间比较学习，人民群众看的是村委会呀？

李叔叔：前半句对，后面有点片面。党支部这里具体指的是村委会，也是中国共产党的领导，人民群众时刻拥护中国共产党的领导。

梁旭：噢，陕北人民真是为中华人民共和国建立做出了杰出贡献呀。

访谈 2：

2021 年 11 月，郭东钰在母亲高利娥的陪同下采访了外公（刘志仁，1935 年人，定边县砖井镇黄湾村人，小学文化，当过村官、大队支书）、外婆（蒋彩云，1944 年生，定边县石洞沟乡人，高中文化）。

郭东钰：外公，"村看村，户看户，群众看的党支部"整体是什么意思？

外公：那就是看党支部怎么领导。

郭东钰：那村看村，户看户是什么意思？

外公：村看村，人家有的村搞得好，有的村搞得不好。

郭东钰：户看户呢？

外公：有的户好，有的户不好。

郭东钰：就是对比，一个村看搞得好的村，群众看哪个党支部管得好。

外婆：就比喻。

郭东钰：外公，你当了 30 年村支书，你说过"村看村，户看户，群众看的党支部"这句话吗？

外公：没。

郭东钰：你听说过这句话吗？

第九章　爱国：江山就是人民

外公：听说过。

郭东钰：听谁说过？

外公：人家干部讲了嘛。

外婆：哦，这个就像咱们个人家庭，看人家过得多好，看咱们过得怎样。看人家怎么干，你们怎么干。人家光景怎样，你们怎样。就这么个意思。

附：

路遥《平凡的世界》第 48 章记录了另一种表达方式：村看村，户看户，社员看的队干部！

在这样的情况下，孙玉亭不屈不挠的革命精神往往能给田福堂很大的鼓舞。有时候，他心里也嘲笑和瞧不起这位穿戴破烂的助手；但一旦他要干件大事，他就离不开这位贫穷而激进的革命家强有力的支持。

"那你看咱现在先从哪里下手？"田福堂问孙玉亭。玉亭想了一下，说："咱先开个干部会。只要干部们思想统一了，群众好办。村看村，户看户，社员看的队干部！"

在田福堂和孙玉亭拉谈罢这事的第二天晚上，双水村有点职务的干部都被集中到了大队部的办公窑里。①

---

① 路遥. 平凡的世界 [M]. 北京：北京十月文艺出版社，2017：102.

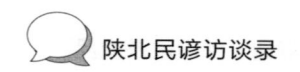

三、吃菜要吃白菜心，当兵要当八路军

大白菜是陕北人吃得最多的蔬菜，特别是冬春时节，在旧时是能吃到的唯一的蔬菜。

访谈1：

2021年5月，尉迟舒雨（女，榆林学院20级旅游管理专业2班，榆林人）在端午节期间，采访了榆阳区新建北路二街的谢阿姨（女，40多岁，榆林本地人）。

尉迟舒雨："吃菜要吃白菜心，当兵要当八路军"，您听过这条谚语吗？

谢阿姨：听过，这个谚语好像是红歌中的词，大概有些印象，老一辈小时候经常给我说，但时间久了就记不太清了，我也就只能大概说说了。

尉迟舒雨：这条谚语说的是哪个时代的事？

谢阿姨：那说的肯定是抗战时的事了，毕竟只有那时候有八路军嘛。

尉迟舒雨：您对这条谚语是怎么理解的？

谢阿姨：当时那个社会大家对八路军都是非常崇拜的，觉得那就是特别光宗耀祖的事儿。白菜心是白菜最好的地方，那八路军就是整个中国最好的人。人人都想吃最好的，那时候八路军就是最好的，所以大家争着抢着要参加革命，所以这句话就出来了。

尉迟舒雨：您能举一下身边人或是自己的例子吗？

谢阿姨：这个年代大家对参军当兵还是有一定的向往的，很多孩子愿意报考军校、警校。

尉迟舒雨：这条谚语在当下还有没有意义？

谢阿姨：我觉得有，这个谚语反映了那时候的场景，八路军在百姓心里的地位，激励后人吧。虽然说现在已不是战争年代了，但还是可以让人想到共产党的好。

访谈2：

2021年11月，郭东钰在定边县采访了外婆（蒋彩云，1944年生，定边县石洞沟乡人，高中文化）、外公（刘志仁，1935年人，定边县砖井镇黄湾村人，小学文化，当过村官、大队支书）。当时，郭东钰的父亲郭昇，母亲高利娥也在现场。

郭东钰：外婆，"吃菜要吃白菜心，当兵要当八路军"，您听过这句话不？

外婆：白菜心，最好吃么。一颗粗白菜，芯芯最好吃么。八路军就正派么，当八路军就是最光荣的事情。

高利娥：二大，您见过八路军吗？

外公：见过。那会儿八路军打砖井（砖井，定边县的一个乡镇），放木头削的机枪，用红布裹着。

后来大家又谈起了杨猴小（土匪）。

外婆：我们老人给我们说，杨猴小来了，见人就杀，见妇女就抢。你如果不愿意，人家就打么，（土匪）一来了，你就乖乖儿起，不敢动弹，他们杀猪、杀鸡，欺负妇女、孩子。

李晓虎：杨猴小咋死的？

外公：叫追到死羊湾了，（杨猴小）问："这叫什么庄子？"说是死羊湾。（杨猴小）说："唉，犯地名了，完了。"

外婆：死羊湾就过不去了，那里堵死了。

高丽娥：他死的时候多大？

外公：都年轻人，小伙子。

郭东钰：让谁逮住的？

外公：红军。土匪骑的马，红军那会儿没马，就走着。土匪骑马跑多少路，红军就走多少路。那会儿红军腿上都打的裹缠，跑一天，腿肚子不疼么。

外婆：裹得紧紧的，我见过。

外公：杨猴小骑马走一站，红军追一站。追到死羊湾，把他（杨猴小）打了。

高丽娥：二大，这大约是哪一年的事？

外婆：杨猴小，三几年的事情。

外公：啊呀，那会儿我记得了事了，大概七八岁了。

附：

  据载，杨猴小是在靖边县杨桥畔龙眼村被围歼的。而死羊湾也在靖边县，也有此地名。《王贵与李香香》中就讲到了死羊湾，今日已经改称广羊湾。

  据村里的老人讲，最早叫死羊湾是因为当时（约为20世纪初期）村里养着上万只羊，哪料无故突发瘟疫，村里的羊死了很多，死羊被扔得漫山遍野，附近的人们便把此地叫作死羊湾。对于广为传颂的《王贵与李香香》，很多的故事就是以死羊湾为背景的，而"李香香"就是从死羊湾投身革命的。

  霍竹山在信天游叙事诗《走西口》中载："边区生产发展社会好，杨猴小早让红军消灭了。"

四、吃水不忘挖井人，吃饭不忘劳动人

2021年11月5日，朱甜甜（女，榆林学院21级人工智能专业，延安宜川人）电话采访了亲戚党嘉璇（60岁，农民工，延安黄陵人）。

朱甜甜：您有没有听过一句话是"吃水不忘挖井人，吃饭不忘劳动人"？

党大爷：听过。

朱甜甜：那您是在书上看到的，还是听人说过？

党大爷：老师给我讲过，课本上也有。

朱甜甜：嗯，那您要是很小的时候听老师讲过，不是离现在时间挺长了？

党大爷：当时印象深刻！

朱甜甜：您能不能给我说一下这句话是什么意思？

党大爷：表面理解就是喝水不要忘记挖井的人，而往更深刻的层次去理解，就是说做人在享受成果的同时，不要忘了是谁给你创造的成果，要懂得感恩。

朱甜甜：您能不能通过一个事例再分析一下这句话？

党大爷：我想到的是，有不少人都开始浪费粮食，每次吃饭都要倒掉一些剩饭，但是，他们在倒粮食的时候，并没有想到这粮食是从哪里来的，不知道去感恩。粮食是农民一天天太阳晒，雨里淋，经过几个月，辛辛苦苦才种出来的。

朱甜甜：有一句诗和这句话意思很相近，"锄禾日当午，汗滴禾下土。谁知盘中餐，粒粒皆辛苦。"

党大爷：嗯，这首诗就是提醒我们要珍惜粮食。和这句谚语有异曲同工之处。

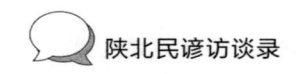

五、千砖万砖砌成墙，互助合作比单干强

谚语"千砖万砖砌成墙，互助合作比单干强"反映的应该是20世纪六七十年代农业合作化时期农村的生产关系。

访谈1：

2020年12月27日，刘梦茹（女，榆林学院中文系20级本科3班，西安市鄠邑区人）采访榆林本地人王叔叔。王叔叔是一个卖糖葫芦的小贩，今年50岁，没上过几年学，为了谋生才出来打工。从谈话中可以听出叔叔一直强调自己没文化，但是从他所说的内容来看他看的书还是比较多的。

刘梦茹：您有没有听过"千砖万砖砌成墙，互助合作比单干强"这句谚语？

王叔叔：我没文化，老了，不识字。千砖万砖砌成墙，互助合作比单干强？那肯定呀，人家说的这个对着呢。

刘梦茹：您对这个谚语是怎么理解的？可以结合现实生活谈一谈。

王叔叔：人们常说"单丝不成线，孤树不成林"，合作肯定好。

刘梦茹：那您身边有没有什么例子或是自己有什么经历？

王叔叔：例子可多了。以前农村搞合作社，就是集体参与，人多力量大。

访谈2：

2021年1月2日，刘梦茹又采访了榆林本地人赵阿姨（以卖红枣为生，从小生活在农村）。

刘梦茹：阿姨您好！我是榆林学院的学生，想来采访一下您对陕北民谚的理解，可以吗？

赵姨：采访我？我可说不好。

刘梦茹：就是"千砖万砖砌成墙，互助合作比单干强"，这句民谚您听过没？

赵姨：这句话是对你们这些娃娃说的，不是对我们干活的人说的。不知道我说的对不对？那它的意思就是这墙要盖好就得用一块块砖堆上，那人要想干成个什么事就得许多人一起帮忙。

刘梦茹：阿姨您理解得挺到位的。看您说得这么细致，那么身边有没有可以用到这个民谚的例子？

赵姨：例子？叫我想想，那我说一个我姊妹家儿子结婚时的事。你们知道农村结婚都是在村里办席，菜啊什么的都是村里的人帮忙准备好的，还有那婚礼流程什么的村里人都会帮忙。

刘梦茹：就是一家有大事，其他人都会帮忙？

赵姨：是的，你帮了别人，下次别人就会帮你。这么一帮忙，那婚礼还会不成？这不就是你们说的这个"互助合作比单干强"。

刘梦茹：哦，那这还挺好，也有结婚的那种氛围感了。也就是说它在现在使用也是可以的。

赵姨：这当然可以了，你看现在男娃跟女娃结婚就是互助，两个娃娃一起成就一个家庭，这就比一个人生活要幸福多了嘛。

刘梦茹：哈哈，赵姨您说得真对。那您还有没有什么谚语跟我分享？

赵姨：谚语，我也不知道是不是，就是我小时候常听的"是媒不是媒，总得两三回"。

刘梦茹：就是劳烦别人到女方家里提亲？

赵姨：差不多就这个意思。

刘梦茹：那我们的采访就差不多到这儿了，谢谢阿姨的配合。

赵姨：没事没事，能帮到你们就行了。

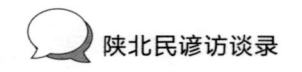

六、雁怕离队，人怕离群

2021年1月25日，任科（男，榆林学院中文系20级本科1班，榆林人）在外婆家（榆阳区鱼河峁村）采访了外婆（田凤宽，63，榆林人，农民）。

任科：婆婆，我这次来问你个问题，那个"雁怕离队，人怕离群"是什么意思？

外婆：雁离开队，根本搭不起窝，自然也活不了。以前人们在生产队里挣工分，离开生产队就活不了。

任科：嗯，所以说这个"群"字也就是集体的意思。

外婆：人们离开生产队活不了，是因为离开生产队就没工分，就分不到粮，最后就会饿死。

第十章 敬业：先之，劳之，无倦

第十章　敬业：先之，劳之，无倦

敬业是对公民职业行为准则的价值评价，要求公民忠于职守，克己奉公，服务人民，服务社会，充分体现了社会主义职业精神。

习近平总书记指出，幸福是奋斗出来的。这个奋斗，就是干，就是劳动。本章收录了8条谚语。

（1）"不怕万事不利，就怕灰心丧气"，说的是人不能在困难面前低头。

（2）"宁叫一百一，不叫九十九"，说的是做事时，宁可多干，不可少干。

（3）"从小下苦功，老来享清福"，想要表达的是"力不枉出，天不亏人"，人不可虚度光阴。

（4）"有上不去的天，没有过不去的关"，说的是人一定要有自信心。

（5）"宁叫挣死牛，不叫车倒退"，说的是做事的决心。

（6）"喊破嗓子，不如做出样子"，说的是工作中要带好头，要务实。

（7）"遇湿先脱鞋，遇事先安排"，说的是做事要有计划。

陕北民谚访谈录

一、不怕万事不利，就怕灰心丧气

2021年1月，雷雨（女，榆林学院中文系20级本科3班）在榆林学院西家属区采访了她的亲戚惠教授。

雷雨：您好，请问您听说过"不怕万事不利，就怕灰心丧气"这样一句话吗？

惠教授：作为一个土生土长的榆林人，我当然听过这句话了。

雷雨：那您能给我解释解释这句话吗？

惠教授：其实这句话的意思就是无论干什么事，都要保持一个良好的心态，俗话说得好，万事都怕开头难。只要你用一颗平和的心去面对你要干的这件事，就会做好，当然失败了，也不怕丧气。其实啊，这里头大有学问呢。

雷雨：那您能给我具体讲讲吗？

惠教授：那我给你讲个故事成不？

雷雨：好啊。

惠教授：我就给你说一说关于你大舅的故事吧。其实最开始呢，你大舅是一个体育老师，但是他不甘心拿那些死工资。于是，他就跟人跑去做销售，结果被骗到外地去做传销，赔了一大笔钱。但是他倒是没有灰心，转身又去干别的事，所以他现在卖化肥，干得是蒸蒸日上。所以，要有一个良好的心态，有的时候成功并不能代替这些东西。你这个女子也是一样的，这些道理懂是懂，但是要应用，这方面还是得加强。

雷雨：我们的阅历还浅，等到经历了一定的事儿，肯定就会懂这些了。那您平日里还能听到这些谚语吗？

惠教授：我们几个老教授聚到一起，有的时候肯定会说，但是和你们小孩聊的时候就不常用了。

第十章　敬业：先之，劳之，无倦

附：

有人越挫越勇，有人却害怕失败。有作为的人，谁没有经历过千锤百炼？郑板桥的诗《竹石》对此有所体现。

竹石

咬定青山不放松，立根原在破岩中。
千磨万击还坚劲，任尔东西南北风。

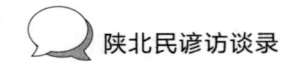

二、宁叫一百一，不叫九十九

2021年5月23日，郑啸芸（女，榆林学院20级英语专业3班，安康石泉县人）在星元医院附近采访了康阿姨（39岁，府谷县人），又采访了一位先生。

访谈1：

郑啸芸：阿姨，您好！我想采访您一下关于陕北民谚这方面的内容，可以吗？

康阿姨：陕北民谚其实我也不太懂。

郑啸芸：您听说过"宁叫一百一，不叫九十九"这句谚语吗？

康阿姨：嗯，有点印象。

郑啸芸：那您能具体说一说吗？

康阿姨：宁叫一百一，不叫九十九，我感觉它可能就是说，嗯……凡事你都要做得好一点，我感觉就是这个意思。

郑啸芸：那您知道它大概说的是哪个年代的事吗？

康阿姨：哎呀，年代这我不知道，不清楚。

郑啸芸：那您自己对于这条谚语是怎么理解的呢？

康阿姨：我觉得就是说，你平时不管做什么事都要尽力做到最好，尽量考虑到各方面。

郑啸芸：那您觉得这句谚语在当下还有没有意义呢？

康阿姨：当然有了，现在不管你做什么，念书也好，工作也好，都要尽力做到最好，所以这句话现在也肯定有很大的意义。

访谈2：

郑啸芸：您听过"宁叫一百一，不叫九十九"这条谚语吗？

先生：小时候听过。

郑啸芸：在您小时候，它大概是什么意思？

先生：我的理解应该是，做事要往好了做，宁可多做一些，也不要少做。要尽量全部照顾到，不要把一些事或人漏了。

第十章　敬业：先之，劳之，无倦

郑啸芸：那您能结合自己的亲身经历谈一下吗？

先生：就是我做营生的时候，肯定各方面都要照顾到。宁愿辛苦一些，多做一些，也不偷懒。（若）把一些事给漏了，完了第二天又得再弄那些。

郑啸芸：嗯，那您知道这句谚语的由来吗？大概有什么小故事或是历史典故？

先生：这我也不清楚，我是小时候听我爸我妈说的。

郑啸芸：那您现在有多久没听到这句谚语了？

先生：就小时候听过，这么多年也没怎么听过。

郑啸芸：那您认为它在当今社会还有没有存在的必要，或有什么意义呢？

先生：肯定有必要。它让人多做点事，不要偷懒，不要光想自个儿，要尽可能全照顾到，不要有欠缺。

郑啸芸：谢谢您。

附（李晓虎）：

"宁叫一百一"中"一百一"指101还是110？我认为是101。101减1为100；99加1为100。但在老百姓的口语中，不叫一百零一，而叫一百一，应该是一种简化。

话简单，理不简单。话简单，听者容易理解。谚语没有之乎者也，但寓意同样深刻。这条谚语源于生活，源于心灵，反映了老百姓的智慧。

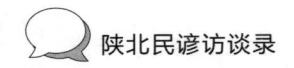

三、从小下苦功，老来享清福

谚语"从小下苦功，老来享清福"的另一种说法是"宁吃少年苦，不受老来贫"。

访谈1：从小下苦功，老来享清福

2020年12月6日，李涛（男，榆林学院中文系20级新闻学专业，渭南人）在榆林南大街160门口采访了李海炯爷爷。

李涛：您知道"从小下苦功，老来享清福"这句话的意思吗？

李爷爷：这句话的意思太简单了，就是只要你从小肯努力，长大了，老了就不用受那么多苦了，就享福了。

李涛：那您身边有没有一些例子可以和这条谚语相联系呢？

李爷爷：这个……我村里倒是有这么一个年轻人，小的时候不好好念书，到了初中就不念书了，整天在那个游戏厅、网吧里待着。现在好了，都已经五十多岁了，还是单身，没有女的愿意跟着他，手里一点点钱都没有，这不就是老来享清福的反面例子？你小的时候不好好念书，不努力，长大了你啥也干不了，你们现在一定要好好学习，长大了才能有出息。

访谈2：宁吃少年苦，不受老来贫

2019年11月16日，张泽伟（男，榆林学院19级化学工程与工艺专业，渭南人）在榆林城二街世纪广场采访了李阿姨（62岁，榆林人）。

李阿姨：这个宁吃少年苦，不受老来贫，说的是，年轻的时候要好好打拼，多吃苦也不怕，不要老了没攒下钱，老了吃苦。后生，我一看你就不是常吃苦的人，现在的后生都不太肯吃苦。年轻人一定要趁着年轻好好打拼。

四、有上不去的天，没有过不去的关

2021年1月24日中午，李萌（女，榆林学院中文系20级本科1班，咸阳人）电话采访了她同学的亲戚王明霞（38岁，自幼在延安市长大，个体户，开服装店）。

李萌：您听过"有上不去的天，没有过不去的关"这句话吗？

王明霞：以前人常说。

李萌：那这句话到底是什么意思呢？

王明霞：人这一辈子难活，难关太多了，但是只要你努力，山不转水转。难关就是现在看着难而已，总能过去的。

李萌：哦，是这么个意思。那有什么例子吗？

王明霞：我村里有一个人，命苦，年龄小的时候他妈就殁了，他爸也不管（他），像你这么大就去外面打工了。结果出了车祸（未去世，但身体不好了），那时候日子过得太难了。但是这两年日子好了，（他的）娃娃有出息，给接到城里了，（他）养了个好儿。把难关过了就好。

李萌：嗯，您说得对。谢谢您了。

王明霞：嗯，没事。

附（李萌）：

通过这次采访，我对陕北民谚有了较为深刻的理解，让我想到了"世上无难事，只怕有心人"这句话，我们在生活中要发扬这种不怕苦、不怕难的精神。

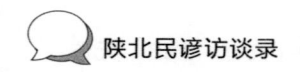

五、宁叫挣死牛，不叫车倒退

2021年1月2日，霍杉泉（女，榆林学院中文系20级本科1班，米脂人），在佳县爷爷家院子里，采访了她的爷爷（71岁）。爷爷是榆林市佳县的一位农民，一辈子在地里种地，受到地道的陕北文化熏陶，也知道许多他们那个年代的陕北故事。讲起陕北民谚，爷爷也是侃侃而谈。

霍杉泉：爷爷，我可以就陕北民谚对您进行一个简单的采访吗？

爷爷：好好，你问吧。

霍杉泉：爷爷，您听过"宁叫挣死牛，不叫车倒退"这句谚语吗？

爷爷：听过。这句谚语的意思其实很简单，就是说宁愿把牛挣死，也不能叫车往后退，也是在借物喻人，人就是再不容易，也不能放松歇气儿，不然就会前功尽弃。

霍杉泉：嗯嗯，这是将人比作牛，将生活中的事情比作车，告诉我们做一件事情一定要善始善终，不能轻易说放弃。用我们常见的词来说，它类似于"鞠躬尽瘁"这样的词语。爷爷您有没有听过相关的故事呢？

爷爷：说起这来，我要告诉你一个关于我父亲的故事。我爸爸实在是不容易，正赶上战争年代。我爸爸当时走长征，可是受了不少罪啊！根本吃不上饭，人都瘦脱相了，就只能啃树皮充饥。这哪里是人受的罪啊。但是长征要的就是坚持的精神，因为长征它不存在退路这一说，停下来就是一死，只有不断前进，才有可能活命。可不就是宁叫挣死牛，不叫车倒退。

霍杉泉：这些前辈的故事真的每次都听得我非常震撼，更何况是我的老爷爷。我们在课堂上也学习过"长征精神"。"长征精神"是红色革命精神之一，是指长征途中的吃苦耐劳、勇往直前的精神。不论我们的事业发展到哪一步，不论我们取得了多大成就，我们都要大力弘扬伟大的长征精神，在新的长征路上继续奋勇前进。虽然我们现在的年轻人很难有那种"宁叫挣死牛"的精神，但是无论怎么说，都要坚持不懈，有始有终，否则只会一事无成。

爷爷：说得对，你老爷爷那会儿可不止走长征，他还参与了解放战争，在战争里你是没有办法论生死的，只能说赶上"车前进"的年代，"挣死牛"都不是大事，太常见了。

第十章　敬业：先之，劳之，无倦

霍杉泉：明白了，我们现在丰衣足食的生活，都是先辈用命打下来的，而现在我们这些年轻的"牛"，无论如何也不能停止前进的步伐，当下我们不需要被真的"挣死"，但是长征精神永存，不管是大事小事，都要做到吃苦耐劳，坚持不懈。

爷爷：说得好，年轻人就是应该有这种觉悟。陕北有走不出去的高原，只能埋头苦干，艰苦奋斗，才能有饭吃。这造就了陕北人淳朴善良、肯吃苦的性格特点。你们年轻人也要将这种精神传承下去。

附1：

鲁玉琦的散文《送"课书"》中，记载了他"宁叫挣死牛，也不能打住车"的经历。

一天早晨，天空阴沉沉飘落着零星雨滴，我们从火车站往煤场拉煤。二十多人弯着腰拉着小平车，活像一群蜗牛在爬行。小平车里，煤装得饱饱的，顶端凸起来露出一个小尖，就像一座小山丘，足有六七百斤重。遇到一个二百多米长的慢上坡，我驾在辕里，双手紧握辕杆，背带绳就像牛轭斜挎在右肩上，低着头迈着沉重的步伐，稍有松动平车就往后退。我铆足了劲，脖子像骆驼一样伸得长长的，背带绳深深嵌入肩部肌肉。几趟下来，我的肩膀就像皮鞭抽过一样生疼，留下一道深红色的血痕。雨下大了，湿透的布鞋在脚底打滑，使劲一蹬鞋底朝天，简直没法走路。我脱下鞋赤脚拉车，砂石路面散落有一层石子，尖尖石子就像针一样扎进脚掌，如同跳进了刺窝。我咬紧牙关，前脚掌蹬地，小平车摇晃着前进，那真真是"宁叫挣死牛，也不能打住车"。最后一趟莫非是有了盼头，脚底疼痛加剧。仔细一看，脚趾皱褶处裂开了口子，就像张开的小娃嘴，流出鲜红的血；脚掌几乎成了筛子底，红窟窿流血，黑窟窿嵌着煤渣。雨停了，路上留下黑红交错的一串拼命的印迹。

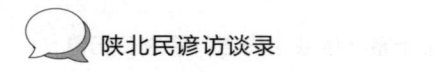

附2：

冉求曰："非不说子之道，力不足也。"子曰："力不足者，中道而废，今女画。'"（出自《论语·雍也》）

冉求对他老师说："不是我不喜欢你的学问，而是我的能力确实不行。"孔子批评他说："力量不够，可以在前进路上停下来，但你现在画地为牢，不往前走了。"

谚语"宁叫挣死牛，不叫车倒退"，是背水一战，全力以赴。而冉求的态度则是畏难不前，连"行百里者半九十"也不如。

六、喊破嗓子，不如做出样子

2016 年 7 月 19 日下午，习近平主席来到银川市郊的宁东能源化工基地考察，即兴发表了讲话，他强调，"社会主义是干出来的"。

2016 年 12 月 31 日，习近平主席在 2017 年新年贺词中号召全国人民"撸起袖子加油干"。

谚语"喊破嗓子，不如做出样子"，也在劝勉人先把自己的事做好。

访谈 1：

2021 年 1 月，王露茜（女，榆林学院中文系 20 级本科 2 班，宝鸡人）采访了面馆老板高阿姨（42 岁）。

王露茜：高阿姨，您好。

高阿姨：你好。

王露茜：请问您有没有听过一句谚语叫作"喊破嗓子，不如做出样子"？

高阿姨：听过。

王露茜：那您对这条谚语是怎么理解的？

高阿姨：嗯……感觉这句话在榆林人的眼中就是，你不要天天口上吼喊（指大喊大叫），要做出点实际的事情来。

王露茜：嗯，那您能不能举一个身边人或你自己的例子呢？

高阿姨：我想一想。现实生活中，家长不管脾气多好，总是有控制不住想要大喊大叫的时候。这个时候，娃娃们油盐不进，任凭你喊破嗓子，人就是不听，大人你也没办法。你知道娃娃们为什么越来越不听话了吗？

用一句老话来说，就是娃娃们被你骂皮实了。你第一次骂娃娃的时候，娃娃们肯定可怕了，然后也表现得老实了，听话了。可是到后面就皮实了，肯定不听你说话了。

王露茜：孩子们不害怕了。

高阿姨：习以为常了。这个时候娃娃的注意力分散了，然后想让娃娃听话，你就必须做出个样子来。这样在看到你改变的时候，娃娃才能真正做出改变。

王露茜：那您觉得这条谚语在当下还有没有意义？

陕北民谚访谈录

高阿姨：肯定有，老话都是很有意义的。尤其这种谚语，都是老人传下来的，祖祖辈辈流传了这么多年，肯定是很有道理的。而且，这种话在生活中都能用上。

王露茜：那您有多久没有听到这条谚语了？

高阿姨：哎呀，时间可长了。

王露茜：那平时没有身边的人说这句谚语吗？

高阿姨：肯定有，平时聊天的时候就可能会说到。

访谈 2：

2021 年 1 月，薛乔（男，榆林学院中文系 20 级本科 2 班，佳县人）在榆林聚财巷，采访了路人马大妈。

薛乔：马大妈，您听过咱们陕北这边"喊破嗓子，不如做出样子"这句话没有？

马大妈：这句话听过啊，都是老一辈人说的，现在很久没听过这句话了。

薛乔：您能给我讲一下这句话的意思吗？我理解得还是不够透彻，想听一下您怎么理解这句民谚的，可以吗？

马大妈：哈哈哈，这有什么不可以的，让我想一下，是这样，我给你讲一个小故事吧。集市上有两人卖菜刀，其中一人用喇叭大肆宣扬，虽然招来不少人围观，但买的人却可少了；另一人悄悄地用菜刀愣砍铁丝，菜刀居然完好无损，过往行人争相购买。从这个故事就能知道，说得再好不如做得好。

薛乔：是了。

马大妈：我再给你举个例子吧，我以前是个初中老师，许多家长面对青春期的娃娃真的不知道该怎么办，打也打了，诀也诀（诀，音 jue，方言词，骂人的意思）了，孩子却还是那样，甚至还会变本加厉。这都是小时候惯出来的毛病，你让他立马改变那确实困难，所以我就给家长建议了，不如一点一点重新开始，家长陪娃娃一起改变，你做到了，他自然也会慢慢做到。身教重于言传，俗语说的"喊破嗓子，不如做出样子"，就是这个理儿了。

薛乔：谢谢大妈，非常感谢您的这些话，加深了我的理解！

第十章　敬业：先之，劳之，无倦

附：

"喊破嗓子"就是老百姓批评的"光说不练假把式"。刘备三顾茅庐方请得诸葛亮出山，但关、张二人心中不服，在火烧新野、赤壁之战后，二人才对孔明军师信服。

诸葛亮在东吴"舌战群儒"时答汝阳程德枢时言："若夫小人之儒，惟务雕虫，专工翰墨，青春作赋，皓首穷经；笔下虽有千言，胸中实无一策。"

孔子亦曰："诵《诗》三百，授之以政，不达；使于四方，不能专对；虽多，亦奚以为？"

足可见"眼见为实""做出样子"的重要性。

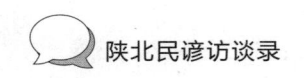

七、遇湿先脱鞋，遇事先安排

2021年1月，刘梦茹（女，榆林学院中文系20级本科3班，西安市鄠邑区人）采访了刘叔（榆林本地人，在这儿配钥匙好些年了，今年50岁，没上过几年学）。

刘梦茹：叔叔，今天我不是来配钥匙的，我想采访你几个关于陕北民谚的问题。

刘叔：你让我配个钥匙还行，采访我，我怎么能有你们懂得多啊？

刘梦茹：不不不，这种问题你们肯定比我们知道得多，相互学习嘛！就是你听过"遇湿先脱鞋，遇事先安排"这个谚语吗？

刘叔："遇湿先脱鞋，遇事先安排"（重复了一遍），它是不是就是说做什么事都得提前做好准备？

刘梦茹：对，差不多就是你理解的这样，你能说说你的理解吗？

刘叔：我的理解，我觉得就是碰到什么事都要早早做打算，不然事到眼前了一团黑。

刘梦茹：那刘叔你自己或者周围人有没有什么经历可以用上这个民谚的？

刘叔：就拿我配钥匙来说，看我这里挂了这么多钥匙，都是不同材质的，都得提前准备好，不然有人来配钥匙，我找上半天的材料，那人家早走了，我还做什么生意！

刘梦茹：那是那是，其实这些民谚在今天都是能用上的，用接地气的话说高大上的理。

刘叔：你看看这念过书的说话就是不一样，你说得对。你们今天不是讲究先把钱赚够了再结婚嘛，就是这个道理，有钱了再成家就有保障，用钱时就不慌了。

附（刘梦茹）：

刘叔是一个非常犀利的人，他说的话直击中心思想，实属不易。

今天的访谈结束后，我总结了一下，这些谚语如今还真不是每个人都会

第十章 敬业：先之，劳之，无倦

用到，这些多是以一种书面的形式被保存了下来，普通的劳动人民也不会真的在干活时说这个民谚。其实在我看来，这些民谚都是古代劳动人民总结出来的一些带有哲理的世俗化经验，不论怎么表达都是要表明自己对事物的看法。我们在做研究之余还是要多关注底层人民的生活，多一些真实感。

第十一章　诚信：民无信不立

第十一章 诚信：民无信不立

诚信即诚实守信，是人类社会千百年传承下来的道德传统，也是社会主义道德建设的重点内容，它强调诚实劳动、信守承诺、诚恳待人。

在已搜集的谚语中反映的诚信问题多集中在"生意"方面，并且指向了"商人"，也就是"卖家"，似乎又应了一句老话，即"无商不奸"。

本章采集了5条谚语。

（1）"经商讲信用，买卖常兴隆"，说的是商家要童叟无欺。

（2）"亏心不买，亏心不卖"，说的是买卖双方都要讲公道。

（3）"买卖不成仁义在"，说的是和气生财，不强买强卖。

（4）"不怕生意小，就怕顾客跑"，说的是要以"顾客为上帝"，不要区别对待。

（5）"利大催本"，说得更多的是诈骗现象。

陕北民谚访谈录

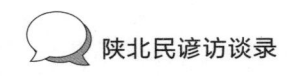

一、经商讲信用，买卖常兴隆

访谈 1：

2021 年 11 月 7 日，王勇骅（男，榆林学院 21 级智能制造工程专业，横山人），电话采访了郝叔叔（52 岁，职业不详，靖边人）。

王勇骅：您好，您有没有听过一个谚语叫作"经商讲信用，买卖常兴隆"啊？

郝叔叔：听过啊，这是以前做生意的人最爱说的生意经啊。

王勇骅：那您可以给我大体讲解一下吗？

郝叔叔：当然可以，这句话是指做生意的人一定要讲信用，说一不二，不能看人下菜，只有这样才能生意兴隆，留住客人。

王勇骅：那您知道这句话一般哪类人说得比较多呢？

郝叔叔：那就多了，除了生意人经常使用之外，家里的长辈教育孩子的时候也经常说，寓意只有你讲信用，你才能在与别人的交往中游刃有余，不惹人嫌。

王勇骅：嗯，确实啊，如果没有信誉，那你的东西又有什么保障呢，而没有了保障，谁买都不放心啊！

郝叔叔：就是说啊，我给你讲个例子吧。原来有一家杂碎店，刚开的那一年可谓十分火爆，座无虚席。可到了第二年，他们的价格涨了不少，但饭量却少了很多，久而久之也就没有人去那里吃饭了，最后只能转让了。

王勇骅：那看来这句谚语还是不一般，直接指出了做生意的要害。

郝叔叔：确实，这样的店铺可不少呢，凭着口碑兴盛，却因为一些原因失去了顾客的信任，从而倒闭转让。

王勇骅：确实啊，我也见过一些呢，确实感觉很可惜。

郝叔叔：只能说怪自己吧，怨不得旁人。

第十一章　诚信：民无信不立

访谈 2：

2021年11月，施周周（男，榆林学院21级物联网工程专业，榆林人）采访了宿舍管理员韩叔叔（59岁，横山人）。

施周周：韩叔，您有没有听过一个谚语叫"经商讲信用，买卖常兴隆"？

韩叔叔：听过，我给你说一下，那个意思是说每个人做事都要讲信用，办实事。比如，咱们做买卖的时候，就要做到公平。另外，说个借钱的例子，借人家多少钱就按时还给人家，这样才是一个合格的好公民。

施周周：就是做生意，你信誉好的话就能做起来。

韩叔叔：就像我今天借5 000块钱，买什么什么东西，我两天半就给你还了。这样人家就敢借给你，放心你。

施周周：人人都信任你。

韩叔叔：唉，信任你，就是信誉二字。

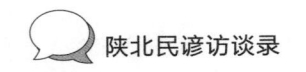

二、亏心不买，亏心不卖

访谈1：

2021年11月22日，王继承（男，榆林学院21级人工智能专业，安徽宿州人）电话采访了母亲郑萍（安徽宿州人，46岁，工人）。

王继承：妈妈，你知道"亏心不买，亏心不卖"这句谚语是什么意思吗？

妈妈：知道。我感觉这个东西不值，我就不买。值的话，我就买。

王继承：嗯，好的。那么你可以举个生活中和这个谚语相关的例子吗？

妈妈：比如，有些做生意的，将假东西卖给那些不懂的人，说是好产品，都是为了自己的利益，想赚那些人的钱。

王继承：那么你是怎么看的，或者你是怎么评价这件事的？

妈妈：我觉得要凭自己的良心去做事，要对得起自己，也要对得起别人，不要去做那些对不起别人的事。

访谈2：

当天，王继承电话采访了叔叔王林先生（安徽宿州人，30岁，卖小吃的）。

王继承：叔叔，你知道"亏心不买，亏心不卖"这句谚语是什么意思吗？

王林：大概意思就是人不能做亏心事，宁可自己吃亏也不能让别人从你这里吃亏。

王继承：好的，你能举个生活中和这句谚语相关的例子吗？

王林：之前我卖过吃的，如果东西有点坏了，我绝不会把它们卖给别人。因为那样做就亏心了。

王继承：那么叔叔你从这个谚语得到什么启发了吗？

王林：就是做人不能只想自己，不能做亏心事。

访谈3：

2021年11月，焦星瑞（男，榆林学院21级新能源科学与工程专业，神木人）电话采访了姑姑焦律师（神木人）。

第十一章 诚信：民无信不立

焦星瑞：有一句谚语叫"亏心不买，亏心不卖"，你有听过吗？

焦律师：这句话我听过，但是比较少，其实我认为这句话就是告诉大家，你的言行举止不能违背你的良心。"亏心不卖"这句话，指的是商家要诚信为本，不能去欺骗消费者，要童叟无欺。是不是这样子？

焦星瑞：虽然话是这么说，但是我们经常能看到新闻上报道那些黑心商家。他们难道不懂这句谚语吗？

焦律师：我刚才已经说到了，这就是违背良心的事情。懂是懂得，但是他们又看到了良心背后的高额利润，所以很多人就是为获取高额利润而出卖自己的良知。我认为这样是不对的，如果我们在现实生活中碰到这些黑心商家，要通过法律途径来维权。

焦星瑞：那焦律师，你有没有遇到他是被告，他干了亏心事又来找你的？

焦律师：这个很多呀，来找我们的有原告也有被告，原告和被告在法律地位上是平等的。因为被告不一定是没有理啊，懂不懂？

焦星瑞：你遇到的"亏心不买，亏心不卖"的当事人，他们大致是什么样的？

焦律师：我们在现实生活中也会遇到消费者维权的案件，如商家出卖一些假冒的、劣质的，或者是过期的商品，消费者可以通过法律来维权，因为有假一赔十或假一赔三之类的规定。像前两天我们这儿来了一个咨询的当事人，我认为很符合"亏心不买，亏心不卖"这句谚语。他是一个消费者，他专门在网上找假货，买了以后就去投诉商家，就去告，让商家进行赔偿。他是专门做这一种行当的。

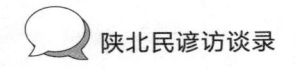

三、买卖不成仁义在

买卖是自愿行为，不要有伤和气。

访谈1：

2021年10月7日，邓今（男，榆林学院21级物联网工程专业，江西新余人）电话采访了郭阿姨（50岁，会计，江西新余人）。

邓今：郭阿姨，您听过"买卖不成仁义在"这句谚语吗？

郭阿姨：听过啊。

邓今：这条谚语一般在什么场合使用？

郭阿姨：一般是……做生意的时候吧。

邓今：具体哪些事？

郭阿姨：比如，我们买卖房子、买点什么其他的东西等，都可以啊。

邓今：您有生活当中的例子吗？

郭阿姨：比如，我想去买个大件，如买个冰箱，我觉得价格上还可以更优惠一点，但是，卖家可能没有这么大的优惠力度。我就想等他下次搞活动的时候再买，就讲一下这个话。

邓今：好的，谢谢您。

访谈2：

2021年10月7日，邓今又电话采访了邓大爷（江西新余，55岁，男，铁路工人）。

邓今：邓大爷，您听说过"买卖不成仁义在"这句谚语吗？

邓大爷：听过。

邓今：这条谚语一般是在什么场合使用的？

邓大爷："买卖不成仁义在"啊，就是进你店的顾客，可能会就商品与你进行磋商。实际并不是每一笔交易都能成功的，但是这个情义在的话，就给下次交易留下了一个空间，这样生意就会越做越大。

第十一章　诚信：民无信不立

访谈 3：

2021年10月27日，宋尚杰（男，榆林学院21级新能源科学与工程专业，山东梁山县人）电话采访了他的父亲宋伟龙（52岁，高中学历，山东梁山县人）。

宋尚杰：老爸，你知道"买卖不成仁义在"这个谚语吗？

爸爸：这个谚语，我知道，是古人留下来的。从小的方面说，做买卖要讲规矩，要讲仁义道德，这样即使买卖没有做成，感情也还在。比如，我们开个店卖服装，有些顾客来了比较挑剔，还会讨价还价，有时候他把价格压到你不能接受的地步，就是你卖给他你还要赔钱，在这种情况下，你们肯定达不成买卖。虽然达不成，但是你也不能生气，为什么？你要一生气，以后你的生意就不好做了。

虽然买卖没做成，但是只要有情有义，说不定人家下次还会光顾你的小店。"买卖不成仁义"从另一个方面来说，就好比人和人打交道，人互相之间不能斤斤计较，钩心斗角，要满怀热情地真诚地和人打交道，如果你斤斤计较，很多人会讨厌你，这样你就会失去很多朋友。

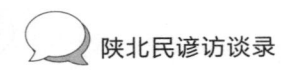

四、不怕生意小，就怕顾客跑

人与人的欲求不一样。有的人喜欢细水长流，有的人天天想发大财。一口吃不成胖子。愣财、横财，来得快，也走得快。民间常说"横财不养家"，也常说"贪多嚼不烂"，就是对不本分做事的人的告诫。

2021年6月25日，李红英（女，榆林学院20级旅游管理专业2班，宝鸡人）采访了自己的叔叔（45岁，宝鸡人）。

李红英：叔叔，您听过"不怕生意小，就怕顾客跑"这条谚语吗？

叔叔：听到过，以前刚学手艺的时候师傅就说过这话。

李红英：那您知道这条谚语说的是哪个年代的事吗？

叔叔：这就不知道了，我们不像你们娃娃有文化，懂不了那么多。

李红英：那您对这条谚语是怎么理解的呢？

叔叔：这个说的就是我们这些做生意的人，像我的话我是一个做木匠活的，我们时不时就能遇见一些很小的活儿，就是因为这个活儿真的太小了，挣不到什么钱，就不愿意去做，但是如果我们拒绝了一家活儿，后面很长一段时间就会接不到活儿，不管活儿大小都接不到。所以，真不能因为嫌弃活儿小就不去做，只要你做了，多少你都有得挣，这家你挣少了，下一家你就可能多了，但如果你不做，顾客去找了别人，那就相当于直接送走了财神爷，接下来一段时间你就得休息了。所以说对于这个话我们这些人是真的有体会。

李红英：那叔叔您能不能给我举一下您自己或者您身边人的例子呢？

叔叔：我记得有一年已经入冬了，活儿也开始少了，那会儿有一个很小的一个家装的活儿，可能算下来一天才能挣200元，我就没去做，后面将近一个月时间我都没有活儿干。

李红英：您多久没听到这句谚语了？

叔叔：那可能挺久了，叔叔上了年纪了，记性差了，哪记得清。

李红英：那您还知道哪些谚语吗？

叔叔：你这一问我一时半会儿也想不起来，毕竟我也没多少文化，不如你们娃娃记性好。

第十一章 诚信:民无信不立

附:

一个幼儿园孩子的家长又失业了,我们问他,你爸爸想找一个什么样的工作?小孩子有口无心,说:"我爸爸想找一个挣得多又不累的工作。"

我父母开了一个诊所,有时就忙得没功夫做饭。一次,我回家说:"平时吃不上饭,就去咱村人开的饭馆吃。"我爸说,早不开了。我妈说:"少了根本不给卖。有一回,让他们做一份烩菜送过来,等了两个多小时还不来。打电话一问,才说一两个人的饭,不值当做。"看来,店主也喜欢大生意。

财富的积累有一个过程,我外婆就常唠叨"一分一分上万了,一粒一粒上石了"。

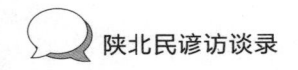

五、利大催本

与"利大催本"相似的谚语有"本小利大利不大,本大利小利不小"。

访谈1:

2021年6月23日,冯丽(女,榆林学院20级市场营销专业,湖北襄阳人)采访了一名男青年。

冯丽:您好,你听过"利大催本"这条谚语吗?

男青年:差不多听过吧。

冯丽:您有什么理解呢?

男青年:我个人的理解是本钱大,做的生意就比较大,营业额比较多,赚的利润就可观一点。本钱小,利润就薄,也就没有什么利润。通俗点讲,本钱小的生意,利润再大也大不到哪儿去。

冯丽:您的意思是利润比较大,它的风险就比较大。利润比较小,它的风险就比较低。就像买那个股票一样。

访谈2:

2021年11月,焦星瑞(男,榆林学院21级新能源科学与工程专业,神木人)电话采访了姑姑(焦女士,律师,神木人)。

焦星瑞:您有没有听过一个谚语叫"利大催本"?

姑姑:听过的呀。

焦星瑞:您是通过什么途径听说的?

姑姑:通过现实生活中发生的一些事情,并且了解了这个谚语的意思。

焦星瑞:以前神木很有钱,但很多人被典当行骗了钱,您觉得这件事能不能反映这个谚语?

姑姑:不是在很久以前,大概在九年前发生了"借贷潮",不少人的钱被骗,大家当时看到了高额的利息,所以把自己的辛苦钱放到了这些没有保证的典当行里,血本无归。

焦星瑞:那您有没有当事人发生过这样的事情?

姑姑:很多,2013年到现在,每一年都有因为"利大催本"最终走上诉讼道路的当事人。当时的利息很高，大家都觉得这个钱很容易赚，这在我们生活中也叫"利大伤本"。

焦星瑞：听了您的话，我觉得当时的钱来得太容易了！

姑姑：但是很多人利大伤本啊，最终是本利都没有了。

附：

头回上当，二回心亮。"借贷潮"结束了一个时代。之后，人们更加理性了，人与人之间也不再愿意谈"钱"了。

第十二章　友善：仁以为己任

第十二章　友善：仁以为己任

友善强调公民之间应互相尊重、互相关心、互相帮助，和睦友好，努力形成社会主义新型人际关系。

本章收录了6条谚语。

（1）"亲戚不走不亲，越走越亲"，反映了老百姓的亲戚观念，他们希望亲戚之间多来往。

（2）"不说不笑，死了阎王不要"，反映了人与人之间一定要说说笑笑，不要板着脸，好像别人欠了你的钱一样，非常耐人寻味。

（3）（4）"人有三灾六难，全凭邻家对门""一人有难大家帮，一人有事大家忙"，都说的是人与人之间要互帮互助，毕竟人都没长三头六臂，肯定有分不开身、有不得已的时候。

（5）"天变一时起黄风，人变一时昧良心"，是老百姓对"昧心人"的谴责。

（6）"恩多了怨深"，反映了说话人的愤恨，但这与对方不知好歹有关。

陕北民谚访谈录

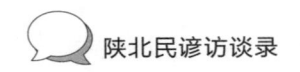

一、亲戚不走不亲，越走越亲

2020年1月17日至18日，习近平主席对缅甸进行国事访问期间，发表了题为《续写千年胞波情谊的崭新篇章》的文章，他在结尾强调，中缅两国有句共同的谚语，即"亲戚越走越亲，朋友越走越近"。

针对谚语"亲戚不走不亲，越走越亲"，2021年5月31日，在课堂上学生发表了他们的见解。

20级英语专业3班的张慧琴：人和人之间经常联系才能不相忘，要互相依赖。经常联系见面，关系会越来越好。我母亲跟一个远方的表妹，两个人关系非常好，但表妹去了西安，就断了联系，想必再次见面就会显得生分。

20级英语专业3班的李伟：所有的关系都需要维持，亲戚也一样。

20级英语专业3班的白怡：远亲不如近邻，虽然亲戚有血缘关系，但不相互走动就会疏远，而邻居就是因为走得近，所以关系才好。

20级英语专业3班的周卓瑶：手机成为主要的联系方式，人们见面的次数逐渐减少。

20级英语专业3班的卢安梓：亲戚介于家人与朋友之间。现在生活节奏快，人与人之间的距离越来越远，关系越来越淡。亲戚关系存在复杂性，若不走动，没有利益等方面的牵扯，关系只会越来越淡。

20级英语专业3班的张申：平日，我们都有自己的事情，或忙于工作，或忙于学习，在节假日应该花点时间去联络感情。亲戚也是我们人脉的一部分，在我们遇到困难的时候，亲戚会给予我们一定的帮助；有了喜悦可以分享。

20级英语专业3班的刘莎莎：年轻的一辈可能只熟悉近亲，不太了解远房亲戚。现在年轻人认为亲戚"越走越烦"，这还是彼此不熟悉的表现。亲戚之间多走动，也许会在以后有困难时施以援手。

20级英语专业3班的李稼睿：现如今大家都比较忙，各有各的生活，所以如果现在还有亲戚能走动，那是一件幸福的事。每次放假，我就会去舅舅家住一段时间，或是表妹来我家住一段时间，一起看电影，一起做饭，我们两家的感情也越来越好。

二、不说不笑，死了阎王不要

2020年12月27日，李欣芮（女，榆林学院中文系20级本科2班，鱼河镇人）采访了她的奶奶（奶奶张氏，农民，88岁）。

奶奶：活了一回人，在世上没做什么好事，阎王都看你不顺眼，都不要你。

附（李晓虎）：

一个不说不笑的人，是个什么样的人呢？对于这样的人，不仅老百姓不喜欢，就连阎王爷也不喜欢。阎王可以说是最凶神恶煞的了，但阎王也见不得不说笑的人。由此可见，不说不笑的人，人嫌，鬼也嫌。

那这条谚语给我们的启示是什么呢？那就是人不要老板着脸，不要一副很严肃的样子。那么，人与人应该怎么相处呢？就是得说说笑笑，有说有笑，这样人与人的关系才和谐，人与人在一起才愉悦。而且，有了说说笑笑，人与人才会更熟悉、更了解，才会走得更亲近，平时也就会互相有个照应，有个帮助，日子也才会过得更红火。

从我的经历来看，自卑的人、不善言语的人，就不愿往人前凑。见了人就躲得远远的，有时迎头碰上也不主动打个招呼，低着头装作没看见就走开了。其实，他们不是不礼貌，而是极度老实，极度龟缩怕事，不善于也不敢表达。

此谚语让我想起了小时候见过的老乡，在过去贫苦的生活中，吃不饱，没得穿的年代，人是挣扎着在生存，就如陕北民歌《庄稼汉》里唱的：

"苦水水里那个煮人人，泪蛋蛋飘起个船"……

榆林还有一句谚语，即"女人忧愁哭鼻子，男人忧愁唱曲子"，人在生活中有说有笑还不够，还要更乐观，那就要歌唱起来！

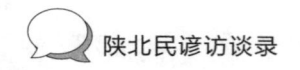

三、人有三灾六难，全凭邻家对门

过去的农村，村里几乎所有人都相互认得。但现在搬进楼房里，常见不上面，就变得生疏了。

与"人有三灾六难，全凭邻家对门"相似的谚语还有"远亲不如近邻，近邻不如对门"。

2020年12月6日，屈诗雨（女，榆林学院中文系20级新闻学专业，汉中人）在榆林一街采访了何大爷。

屈诗雨：打扰一下，大爷您好，我是榆林学院新闻学的一名大一学生，我现在有一个关于陕北谚语的采访，想问一下您，可以吗？

何大爷：什么，你大声一点。我耳朵不太好，人老了。

屈诗雨：好，就是一个关于陕北谚语的采访，我想问一下您。

何大爷：哦哦，好，你问吧。

屈诗雨："人有三灾六难，全凭邻家对门"这个谚语，您熟悉吗？可以和我讲讲吗？

何大爷：这个呀，就是如果你家的儿子、女子不在家，自己有个什么事，不得让邻居照应一下？这儿子、女子在你遇事的时候赶不回来，那还不得靠自己前后左右的人家帮个忙？

屈诗雨：那这个和"远亲不如近邻"意思差不多，就是自己遇到什么事了，邻居更容易起到帮助的作用，这也就是要和邻居一起好好相处。那您还记得这话是什么时候出现的吗？

何大爷：这都是祖祖辈辈流传下来的话。你看，人活着，保不准遇到个什么事，这要是遇到了，还不得需要邻居的帮忙？

屈诗雨：这个谚语现在用得还多吗？

何大爷：用得少了，你看我们这老汉、老太婆还出来，年轻人都一天窝在屋里谁愿意出来？用得少啊。

屈诗雨：是的，现在手机如此发达，好多人的交流都依靠手机，现在人与人直接的交流都变少了，我们小区就是，很少有出去打招呼的，就那些爷爷奶奶见到我会打招呼，除外都没人招呼了。

第十二章　友善：仁以为己任

何大爷：对啊，我还记得我们原先家里办个什么事，这前前后后的都帮我们，男的帮我们抬个桌子，女的帮我们洗个碗、洗个菜什么的。这就是邻居的好啊。

屈诗雨：是啊。那大爷，我的采访就到这儿了，真是麻烦您了。

何大爷：有什么麻烦的，有空多来我们大街玩，来看看榆林的好。

屈诗雨：好，那下次还请大爷做个导游。

何大爷：没问题。

屈诗雨：那大爷，我走了，再见。

何大爷：好，再见。

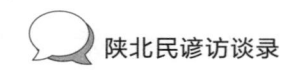

四、一人有难大家帮，一人有事大家忙

2020年12月27日，尹巧灵（女，榆林学院中文系20级本科3班，汉中人）采访了榆阳区卖糖葫芦的王叔叔，他是一个手艺人，他卖糖葫芦为生，他说他做的糖葫芦是最正宗的。在访谈中，他一直说他是地地道道的陕北人，要我们这些娃娃好好学习，将来找一份轻省的活儿（好的工作）。

尹巧灵：叔叔，您好啊，您听过"一人有难大家帮，一人有事大家忙"这条民谚吗？

王叔叔：这个……浅显地说，就是一个人或一大家子有什么困难了，大家来真心给予帮助，这就是我觉得的意思。

尹巧灵：嗯，那王叔叔您结合平常的生活谈一谈对这句话的理解吧。

王叔叔：这句话的意思就是，一个人有难处的时候如果说出来，大家都帮忙，事儿就好办了。一家有事大家忙，就好比我们生活中，逢年过节或有什么喜事，大家都来帮忙，那事就好做，好完成。

尹巧灵：叔叔您身边有类似的例子吗？给我们分享分享。

王叔叔：我给你说，虽然我没什么文化，但这个对我来说容易。在我们小时候，这儿还不是城市，都属于农村。在农村有一家准备新建屋子了，放桩子（现在叫地基）的时候会来很多人，他们不挣钱，就帮忙，现在就不同了。

尹巧灵：怎么个不同啊？叔叔说说。

王叔叔：现在我们这儿环境好了，生活也比较富裕了，但大多时候只顾自己了。

尹巧灵：嗯，对，现在的生活越来越好，但人情味呀、那种邻里关系呀，还有情分什么的都淡了。叔叔您有多久没听到过这个谚语了？

王叔叔：我们平常也不把这种谚语挂在嘴边，都是在生活中体验。

五、天变一时起黄风，人变一时昧良心

此谚语反映的是人心不古，人心变坏的社会现象。此谚语还有另一个说法，"天变一时辰，人心一格翻"。

访谈1：

2020年12月19日，张倩（女，榆林学院中文系20级本科3班）采访了榆林本地人贺志雄（50岁左右，有文化修养，健谈）。

张倩：您好，请问您听过"天变一时起黄风，人变一时昧良心"这句话吗？您是怎么理解的呢？

贺志雄：就是说天有一时的变化，人有一时的改变。

张倩：那个"黄风"怎么解释呢？

贺志雄：咱们这儿就是风大，有沙尘，风一刮沙尘扬起就成了黄风。主要是后面那一句，人变一时昧良心，原来的善良本性都变了，就这么个意思。

张倩：那请问您现在还会听到这句话吗？这句话现在还有什么意义吗？

贺志雄：会，这个咱们现在也经常说，现在也一样有意义。

张倩：您身边有没有这样的例子？

贺志雄：现在这几年，如果问别人借钱，借了不还给别人，当老赖。有的是真没钱还不了，有的是有钱不还。

张倩：对，这就是心思变了，昧了良心。

贺志雄：对，就是人心变了，人心一变就是昧良心了，就会有钱也不还。

访谈2：

2020年12月31日，张倩又采访了她的母亲（张桂兰，45岁，绥德人，家庭妇女）。

张倩：妈妈，"天变一时起黄风，人变一时昧良心"，这句话你有什么理解？

陕北民谚访谈录

张桂兰："天变一时起黄风，人变一时昧良心"，就是说天一时一个变化，天气变化无常，你看这阵天还好，说不定一会儿就刮风下雨。其实人心和这个天气的变化是一样的，反复无常，说变就变。也就是说，人要有一种防人之心不可无的警惕性。

张倩：嗯，那你对"人变一时昧良心"这句话是怎么理解的？

张桂兰：这句话的意思就是说，良心坏的人，就不会念旧情，只顾着自己的利益。这种人没德，他到头来将一无所有，一辈子只能背一身骂名。心善、人正，才能大富大贵。心里美的人才是真的美。人这一辈子，要坦坦荡荡做事，干干净净做人，别人怎么做，咱管不了！咱自己一定要对得住咱自己的良心，不要叫人家在背后戳咱脊梁骨！

张倩：嗯，知道了。

张桂兰：你以后也要做一个善人、一个正直的人，不能做昧良心的人，知道了没有？

张倩：嗯，知道了。

访谈 3：

2021年1月18日，张倩又采访了一家陕北小吃店的老板娘张阿姨（张建清，55岁，绥德义合人，虽然文化水平不高，但是能说会道，能言善辩）。

张倩：姨姨，不知道你现在忙着不，能不能向你请教两句陕北谚语。

张建清：不是耨（那么）忙，你要问什么？看我会不会。

张倩：姨姨，咱们陕北有句谚语叫作"天变一时起黄风，人变一时昧良心"，你知不知道这句话？

张建清：天变一时起黄风，就是好好的天气一下就变了，就起了风了。人变一时昧良心，就是人不能操歪心，一操歪心那就卖了自己的良心了，就不好了。

张倩：嗯，是了，就这个意思。那姨姨可不可以再说一下你自己的理解，然后再举个例子。

第十二章　友善：仁以为己任

张建清：那就是，人跟人共事就不能卖良心，总要公公道道，你一时起了歪心，你就昧了良心了，就这个意思。

张倩：嗯，是了，谢谢姨姨。

附：

人性不是一成不变的，人生无常，因情势所逼，善恶常在一念之间。

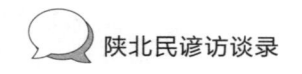

六、恩多了怨深

一些人感到特委屈，特受伤。明明做了好事，换来的却是对方不知好歹，或是以怨报德。笔者与学生探讨了这一话题。

2021年6月20日，何丹丹、路妮娜、罗汶婧、尹狄在宿舍对"恩多了怨深"进行了探讨。

李晓虎：生活中，你遇到过一个人真的会对另一个人帮助、救济很多次吗？

罗汶婧：有，但是一般都是至亲才会对一个人无私地付出，且不带目的，不求回报。

李晓虎：对于这个"怨深"的问题，你认为是谁的过错？有没有施恩人的过错？还是说只怪受到恩惠的这个人？

罗汶婧：大家经过探讨，认为双方都有错。对于施恩人来说，他不应该一味地去对一个人进行帮助、施恩；对于受惠者来说，他不应该将别人的好当作理所当然，甚至产生依赖。由此可见"恩多了怨深"是双方共同造成的。

李晓虎：在我看来，恩多了怨深的双方，应该是关系很近、很亲密，甚至是有血缘关系的人。陌生人之间你认为会存在"恩多了怨深"的情况吗？

罗汶婧：对于这个问题，有两种看法：一是存在这种情况，生活中会有个别受资助的孩子以怨报德的事情；二是不存在这种情况，因为陌生人之间没有血缘或者其他亲密关系，甚至可能只有一面之缘，而"恩多了怨深"需要数次帮助，陌生人一般是把自己善良的一面展现出来，如果有人遇到困难，就会去帮助，因为可能不会有下一次的碰面。

李晓虎：这谚语一般是谁说给谁的？什么情况下说的？

罗汶婧：大家认为一般是在吐槽诉苦时，施恩人对亲朋好友说的话。

李晓虎：这个谚语虽然说的是不知恩图报、以怨报德，以及"狗咬吕洞宾，不识好人心"这类人，但除了对这类人有批评教育和启示作用，你认为对于施恩的这个人，有没有什么用？或是有没有一些价值？

罗汶婧：我们认为施恩人应该擦亮眼睛，知道什么样的人可以付出真心，不要一味地帮助他人，一旦让别人产生依赖，后果将不堪设想，那么"恩多了怨深"这种情况就会频繁地发生。

附1：

《道德经》第十章载：

生而不有，为而不恃，长而不宰，是谓玄德。

我们做了好事，还要把这件事记在心上吗？还要期待对方日后回报吗？

《增广贤文》有言：

但行好事，莫问前程。

1.施恩

雪中送炭，救人于危困，是行善事，是美德。谁在怨？是施恩的人在怨？还是受恩的人在怨？也可能双方都在怨。

2.怨什么

施恩的人会怨："我给你的还少吗？"

受恩的人会怨："你怎么不再给我了？"

施恩的人会怨："你怎么不知恩图报？"

受恩的人也委屈："我记得你对我的好，但我不能违背道义，触碰法律去报答你。"

施恩的人会怨："我为你付出了那么多，你怎么一点也不体谅我？"

受恩的人也怨："你给我再多，可你了解我吗？你懂我的心吗？"

3.如何看"多"

多，就是过了。那么是不是可以说，"多"就是"过"？

附2：

与"恩多了怨深"意义相近，但表述更直白的谚语是"斗米养恩，石米养仇"。我最想说的是，有的父母宠爱子女，只满足了他们物质的需求，但缺乏心灵上的沟通，他们之间情感上并不亲密，就不算是好的亲子关系。

附3：

《礼记·曲礼》载：

人有礼则安，无礼则危。

言行之准则，必本于礼，也即本于道德、法纪。

"不食嗟来之食"（载于《礼记·檀弓上》）的故事也可警示施恩之人不可无礼。

齐大饥，黔敖为食于路，以待饿者而食之。有饿者蒙袂辑屦，贸贸然来。黔敖左奉食，右执饮，曰："嗟，来食！"扬其目而视之，曰："予唯不食嗟来之食，以至于斯也。"从而谢焉，终不食而死。

后 记

我与民谚结缘，是从 2018 年开始的，也是从完成"陕北民间史话——陕北民谚国家级代表性传承人王六访谈录"开始的。

民谚，述说了老百姓的历史。历史，是常青的；历史，是最有生命的。而浩瀚的史籍中，关于老百姓的记录很有限。我认为这是历史的缺憾！

我想用路遥的一段话来引出我的想法：

孙少平在农村长大，深刻认识这黄土地上养育出来的人，尽管穿戴土俗，文化粗浅，但精人能人如同天上的星星一般稠密。在这个世界里，自有另一种复杂，另一种智慧，另一种哲学的深奥，另一种行为的伟大！这里既有不少呆憨鲁莽之徒，也有许多了不起的天才。在这厚实的土壤上，既长出大量平凡的小草，也长出不少栋梁之材……

我对民谚的认识，也是如此。它是另一种智慧，另一种哲学的深奥。或许，比起《论语》的"是非"分明，它要"淡薄"一些。比起《道德经》的"自然"无为，它要"实际"一些。它在"理性"中兼及了"人心"，它在"客观"中亦不害"天命"。

若"天意"即"民意"，那么，"民谚"即"民心"！让老百姓讲述自己的故事，让老百姓讲述自己的哲学。

这本书，就这样诞生了。

这本书，有这样的价值！

李晓虎

陕北民谚访谈录

2018年暑假，榆林学院"三下乡"代表团在米脂县黑龙潭庙会访谈陕北民谚

后　记

2023 年 5 月，李晓虎与"陕北民谚"国家级非遗项目代表性传承人王建领合影

2018 年暑假，榆林学院"三下乡"代表团在神木市二郎山访谈陕北民谚

197

陕北民谚访谈录

2018年暑假，榆林学院"三下乡"代表团在绥德县街头访谈陕北民谚

2019年暑假，榆林学院"三下乡"代表团在横山区响水村访谈陕北民谚

致　谢

榆林学院"互联网+"大学生创新创业大赛组委会给予陕北民谚研究立项支持（项目组成员：李煜娜、牛茜、贺能能、祝可君、王霄）。

榆林学院团委支持开展"陕北民谚调研"专题的大学生暑期"三下乡"社会实践活动。

榆林市未来企业联合会副会长艾先良先生资助陕北民谚项目组人民币壹万元。

榆林学院贺智利教授为本书争取到了出版资助。

榆林学院艺术学院党总支书记刘小龙教授为封面题字"陕北民谚访谈录"。

榆林学院副教授白文伟（书画家）为封面作画"格尖山"。

田雪松书画院神木分院院长牛勇利先生为封面题字。

致敬全体访谈人和受访者。